SUBSÍDIOS
PARA UM

MODELO DE PREVIDÊNCIA SOCIAL

PARA
O BRASIL

1216 Reflexões para os estudiosos

Wladimir Novaes Martinez

Advogado especialista em Direito Previdenciário.

SUBSÍDIOS
PARA UM

MODELO DE PREVIDÊNCIA SOCIAL

PARA
O BRASIL

1216 Reflexões para os estudiosos

Editora LTr
SÃO PAULO

Dados Internacionais de Catalogação na Publicação (CIP)
(Câmara Brasileira do Livro, SP, Brasil)

Martinez, Wladimir Novaes
  Subsídios para um modelo de previdência social para o Brasil: 1216 reflexões para os estudiosos/ Wladimir Novaes Martinez. -- São Paulo : LTr, 2008.

  Bibliografia.
  ISBN 978-85-361-1180-3

  1. Previdência Social I. Título.

08-05088   CDU - 34:368.4

Índices para catálogo sistemático:

1. Previdência Social 34 : 368.4

© Todos os direitos reservados

EDITORA LTDA.

Rua Apa, 165 — CEP 01201-904 — Fone (11) 3826-2788 — Fax (11) 3826-9180
São Paulo, SP — Brasil — www.ltr.com.br

LTr 3666.1   Junho, 2008

ÍNDICE

Introdução 9

Capítulo I – Comandos filosóficos 13

Capítulo II – Normas jurídicas 21

Capítulo III – Desconstitucionalização da proteção 25

Capítulo IV – Premissas atuariais 27

Capítulo V – Fontes de custeio 29

Capítulo VI – Clientela protegida 35

Capítulo VII – Prestações contempladas 38

Capítulo VIII – Qualidade de segurado 48

Capítulo IX – Período de carência 51

Capítulo X – Evento determinante 54

Capítulo XI – Perícia médica 60

Capítulo XII – Fator previdenciário 64

Capítulo XIII – Fórmula 95 67

Capítulo XIV – Renda inicial 70

Capítulo XV – Início dos pagamentos 76

Capítulo XVI – Acumulação de prestações 80

Capítulo XVII – Reajustamento das mensalidades 84

Capítulo XVIII – Serviços sociais 86

Capítulo XIX – Acidente do trabalho 88

Capítulo XX – Contagem recíproca 91

Capítulo XXI – Nexo epidemiológico 93

Capítulo XXII – Meios de prova 96

Capítulo XXIII – Regime próprio 100

Capítulo XXIV – Regime dos informais 107

Capítulo XXV – Direito Administrativo 111

Capítulo XXVI – Contencioso procedimental 115

Capítulo XXVII – Questões exacionais 119

Capítulo XXVIII – Procedimento fiscal 127

Capítulo XXIX – Disposições penais 135

Capítulo XXX – Empresa contribuinte 138

Capítulo XXXI – Acordos internacionais 151

Capítulo XXXII – Direito intertemporal 153

Capítulo XXXIII – Audiência pública 156

Capítulo XXXIV – Consolidação da jurisprudência 157

Capítulo XXXV – Normas de superdireito 159

Capítulo XXXVI – Preparação para aposentadoria 161

Capítulo XXXVII – Desaposentação de benefícios 163

Capítulo XXVIII – Previdência complementar 167

Capítulo XXXIX – Assistência social 177

Capítulo XL – Ações de saúde 180

Capítulo XLI – Estatização e privatização 183

Capítulo XLII – Estatuto do Idoso 185

Capítulo XLIII – Seguro-desemprego 188

Capítulo XLIV – Fundo de Garantia 193

Capítulo XLV – Dano moral 196

Capítulo XLVI – Transparência da gestão 198

Conclusões finais 201

Obras do Autor 203

INTRODUÇÃO

Ultrapassada a experiência da LOPS influenciada pelo Relatório *Willian Beveridge* de 1942, diante do desenvolvimento experimentado após o Governo *Juscelino Kubitschek,* acentuado esforço de industrialização e crescente êxodo rural, proletarização e metropolização agudizadas das cidades, extraordinária concentração de riquezas e péssima distribuição de rendas, propõe-se à sociedade e à reflexão dos especialistas o arcabouço de um sistema de proteção social adequado às necessidades e realidades do País neste dealbar do Século XXI.

Técnica securitária acostada a um regime de mercado livre, economia liberalizada e um governo social democrático, preservadora da hierarquia social determinada pelos ingressos de cada um e, como corolário, substituir a remuneração habitual da pessoa diante de contingências eleitas periodicamente pelo legislador.

Apoia-se no tripé da universalidade de cobertura e de atendimento (I), ampla solidariedade econômico-social (II) e compulsoriedade de participação do indivíduo e da comunidade (III), expressão de um seguro social num governo supervisor e fiscalizador por excelência e, quando conveniente, gestor dos recursos.

Desse altiplano dominante provêm os princípios científicos, as normas jurídicas e as condutas práticas consubstanciadoras da modalidade tutelar escolhida e os mecanismos de realização.

Propõe limites para o elaborador da norma (I), impregna o seu aplicador (II) e guia o intérprete (III), diferenciando a previdência da assistência e, decorrentemente, ambas das ações de saúde.

Concebe a previdência social para um Brasil em fase de crescimento e ainda carente de capitais, uma manifestação forçada de solidariedade humana, relevados os critérios de custeio e prestações, solidariedade gerada em razão da má composição das rendas e riquezas instituídas ao longo do tempo, preferindo o regime de repartição simples para as prestações não programadas e capitalização para as programadas.

Distribuidora de bens em nível jamais suspeitado pelos salários, admitida a exação contributiva como remuneração socialmente diferida — e não tributo — cujo desembolso ocorre segundo as conveniências da ciência protetiva, presentes as contingências definidas na lei, distributividade manifestada na fixação das alíquotas e no valor dos benefícios de pagamento continuado estabelecedores da eqüidade.

Repara os danos causados ao obreiro em decorrência do trabalho, mantendo as prestações acidentárias com privilégios diante da seqüela e da incapacidade laboral resultante, aposentadoria especial derivada do risco proveniente do exercício de atividades nocivas ao organismo e compensações por prejuízos decorrentes do labor, sem confundir o domínio previdenciário com o civil.

Opta pelo seguro social como técnica protetiva vigente até as condições econômicas e sociais permitirem uma verdadeira seguridade social, observando suas particularidades nucleares (I), as regras atuariais e matemáticas (II) e adotando as medidas políticas securitárias paralelas convergindo para destinatários específicos (III).

Consagra o direito subjetivo e preserva as garantias constitucionais, viabiliza os instrumentos de defesa dos beneficiários diante dos configuradores da relação jurídica de previdência social, acolhe preceitos de transição para a modelagem do plano de benefícios, abriga a expectativa de direito (I) quando contemplada na norma e têm o direito (II) e o direito adquirido (III) como conquistas constitucionais intocáveis, excetuado quando um bem maior for suscitado ao titular.

Consubstancia-se como uma poupança coletiva obrigatória com investimentos direcionados exclusivamente à proteção social dos indivíduos e rejeita os mecanismos de simples aplicações financeiras, ressalvadas quando se tratar de previdência complementar.

Divide o encargo de sua condução com um administrador supervisor e garantidor (I), a sociedade (II) e os aposentados e pensionistas (III).

Pontifica como alto interesse nacional, objeto de uma permanente política governamental de cidadania (I), distribuição de justiça (II), rendas (III) e paz sociais (IV).

Reconhece a presença indispensável do seguro privado e da previdência particular, técnicas adotadas em relação à complementação das mensalidades do trabalhador e do servidor, a partir de patamar definido historicamente.

Prospecção válida para aproximadamente dezoito anos, sob a presunção de que o mundo (I), a economia (II) e as relações humanas (III) sofrem contínuas transformações imprevisíveis nas décadas seguintes e se posta subordinada às condições socioeconômicas do País.

Modelo baseado no nosso *Subsídios a um Modelo de Previdência Social*, publicado em São Paulo pela LTr em 1992, atualizado e ampliado, objetivando também tentar ser paradigma para os regimes próprios de previdência social dos municípios, sem ignorar as desigualdades econômicas e sociais do País, enorme informalidade, a serem eliminadas gradualmente no futuro e, por isso, ainda faz distinções que serão rejeitadas no porvir.

Wladimir Novaes Martinez

Capítulo I COMANDOS FILOSÓFICOS

Postulados filosóficos fundamentam os mandamentos da previdência social e definem os postulados da legislação, dos quais derivam as técnicas científicas e jurídicas instrumentalizadoras em matéria de admissão (I), custeio (II) e prestações (III), comandos não-imperativos, preceitos inspiradores do elaborador da norma procedimental, necessários á interpretação do fenômeno social e condutores dos programas com vistas à proteção social, formulando os limites da ação estatal e particular, indicando a individualidade do mecanismo e esboçando o caminho a ser percorrido no porvir, na condição de condensação de tendências, expressão de idéias e volições e, quiçá, referencial dos dispositivos refletores do quadro econômico-social vigente no País e a vontade nacional.

1. Papel do Estado

Gestor da previdência social colabora estreitamente com os interessados, concebido como processo de justiça social, cede espaço ao particular, admitida a capacidade da iniciativa privada de atender às necessidades dos beneficiários, último avalista do regime geral garante as instituições e os meios de realização com norma refletora do seu papel, apura o desejo da Nação sobre as prioridades e fixa os objetivos da política a ser perfilhada.

2. Técnica protetiva

Modalidade de proteção social ditada pela Constituição a alcançar, circunscrevendo-a mediante parâmetros delimitadores, assinala os instrumentos operacionais balizadores e distinguidores de outras atividades estatais assemelhados, opta por empreendimento estatal, básico e com nuança pública e também particular, intimamente associados, interagindo-se como empenho do homem e da sociedade.

3. Escopo técnico

Substitui a remuneração do obreiro, consubstancia práticas concorrentes de amparo assistenciário paralelamente administradas ou supervisionadas pelo governo garantidor de sua efetivação, deixa clara a função das outras vertentes da seguridade social, as linhas separadoras e os canais conjugadores em relação à assistência social e ações de saúde, *in casu*, seguro social ou previdência social.

4. Objetivos finais

Manifestação cooptativa da solidariedade humana, calcada no regime atuarial e financeiro de apreensão compartilhada de recursos, instrumento econômico de redistribuição de rendas criado pelo homem, repara os danos causados ao obreiro em virtude do trabalho, modalidade securitária enfrentadora dos infortúnios laborais, modalidade de poupança coletiva obrigatória, direito subjetivo e garantia constitucional ou seja obrigação e interesse permanente do Estado.

5. Instrumento operacional

Propósito alcançado mediante prestações de trato sucessivo postadas no lugar dos ingressos do trabalhador ou das fontes de subsistência, quando presentes as contingências deflagradoras dos benefícios, determinadas na lei e sem ser prêmio, estímulo ao consumo nem justo júbilo compensador do defensor da pátria ou do altruísmo bem-intencionado.

6. Cooperação estatal

Coopera sem arredar outras vocações do governo ou do particular e sem invadir as atribuições de outros ministérios ou departamentos governamentais.

7. Economia política

Otimiza as relações laborais, cria melhores condições de convivência no trabalho e supre as fissuras do sistema econômico vigente promovendo a substituição da mão-de-obra e pagando prestações para o desempregado.

8. Preceitos jurídicos

Lei delegada evidencia os princípios jurídicos norteadores da previdência (I), assistência (II) e ações de saúde (III), estabelecendo os contornos de cada um desses atendimentos de direito subjetivo ou de potestade.

9. Universalidade de cobertura

Técnica protetiva objetiva toda a população do País, auscultando-lhe as particularidades regionais, culturais e econômicas, reconhecendo-lhes as diversidades (I) e nuanças próprias (II), condição social (III), profissão (IV), remuneração (V), expectativa de vida (VI) e sexo (VII).

10. Clientela protegida

Assegura o direito a todos os habitantes nacionais ou estrangeiros, em caráter especial abrangendo os não-dependentes do trabalho como fonte de subsistência habitual; cobre todos os níveis da remuneração, consoante diferentes instrumentos operacionais com universalidade implantada paulatinamente modifica a legislação, respeita os direitos adquiridos e as desigualdades individuais, alcança os trabalhadores, servidores civis ou militares e parlamentares.

11. Uniformidade legal

Regimes previdenciários uniformes em suas definições, condições legais, mensurações físicas e matemáticas e nos procedimentos administrativos, sem prejuízo das diferenças sociais (I), hierárquicas (II) e remuneratórias (III), enquanto não consumada a plenitude de um regime nacional.

12. Conceitos básicos

Definições iguais para toda a sociedade e, indistintamente, preserva certas frações profissionais como militares, magistrados, parlamentares, servidores, policiais, rurícolas, domésticos e exercentes de atividades especiais.

13. Obrigatoriedade filiativa

Filiação obrigatória para todas as pessoas remuneradas e sem ser compulsória para os ociosos ou percipientes de valores acima de nível assentado na lei, relativamente a tais importâncias, obrigatoriedade comportando a filiação facultativa em certos casos, conforme a lei dispuser com diferenciais atuariais capazes de, no regime de solidariedade social e repartição simples, evitar prejuízos para a coletividade protegida.

14. Contributividade solidária

Compulsoriedade, mantida a relação jurídica de direito subjetivo do titular em relação ao gestor, prestigia o labor humano quando necessário à proteção, preferido o recolhimento das contribuições à prova do serviço.

15. Precedência do custeio

Princípio constitucional fixa a obrigação de que a cada nova prestação sobrevenham os recursos prévios necessários.

16. Supletividade particular

Prestações do segmento básico implementadas pelo particular, complementação forçada até certo patamar e espontânea acima dele, com cobertura das fontes habituais de manutenção da pessoa, efetivada a substitutividade dos rendimentos de acordo com os diferentes patamares e observadas as regras particulares desses segmentos com uma previdência social básica e a complementar, obrigatórias a federal com normas de direito público e a facultativa podendo ser estadual, regional ou profissional influenciadas pelo direito privado.

17. Essencialidade da prestação

Benefícios de pagamento continuado no lugar dos meios indispensáveis de subsistência habitual, sem empobrecer ou enriquecer juridicamente os beneficiários e sem pressupor declínio ou aumento de despesas no final da vida dos beneficiários, preceituada a diferença entre a média dos salários e o montante dos benefícios com renda inicial igual ao valor líquido (assim considerado o bruto menos a contribuição).

18. Titularidade da instituição

Propriedade dos trabalhadores contribuintes, aposentados e pensionistas, instituição dos ativos e inativos sub-rogada ao Estado, o segurado contribui diretamente e mediante alíquotas promotoras da solidariedade social.

19. Individualidade da técnica

Distinção da previdência em relação à assistência social (I), às ações de saúde (II), às prestações sociais (III) e as do seguro privado (IV).

20. Especificidade da cobertura

Exclusividade das prestações securitárias, rejeitados o empreendimento de pensões do tipo Césio 137, Hemodiálise de Caruaru, Síndrome da Talidomida, Seringueiros da Amazônia, ex-combatentes, etc.

21. Dependência da economia

Benefícios em manutenção relacionados diretamente com a média remuneratória substituída ao tempo da aposentação, arredada a paridade entre ativos e inativos, assegurada constitucionalmente a recomposição da perda do poder aquisitivo da moeda, a situação dos aposentados e pensionistas acompanhando o estágio de desenvolvimento do País, melhorado na medida do aumento dos salários e sofrendo as conseqüências do rebaixamento destes.

22. Aeticidade moral

Direito às prestações pessoal (I), patrimonial (II), econômica (III) e objetiva (IV), *intuitu personae* (V), sem guardar relação direta com o comportamento moral ou ética dos indivíduos na sociedade, salvo no pertinente às relações com o gestor, sem ser instrumento de coerção social ou de coibição da pessoa humana.

23. Social e econômico

Posicionamento do social acima do econômico no exame do fato pré-jurídico operado pelo elaborador da norma ou intérprete, a despeito de as forças de produção responsabilizarem-se pelo desenvolvimento.

24. Científico e político

Visão política dos fatos sociais incapaz de suplantar a concepção sociológica, ciência protetiva deflagrando os encaminhamentos políticos seguidos, prestando-se estes últimos à consumação dos resultados alcançados pela proteção social.

25. Técnico e jurídico

Norma previdenciária perfilha a liberdade da pessoa humana individualmente concebida, sem a desagregação da família ou da sociedade e, confrontadas as instituições, enfatiza-se a previdência social em detrimento do ramo jurídico, necessariamente instrumento da técnica protetiva.

26. Técnicas paralelas

Regra estimulando os incentivos com a adoção de medidas concorrentes de proteção social — *v.g.*, serviços sociais ministrados por sindicatos (I), órgãos classistas em geral (II), clubes de serviços (III), entidades patronais (IV) ou profissionais (V), programas de lazer (VI), etc.

27. Expectativa de direito

Preservação do instituto sempre que a lei assim positivar, de preferência proporcionalmente à participação do indivíduo.

28. Direito adquirido

Preservação dessa conquista dos cidadãos como instituto jurídico basilar, exteriorizado na liberdade de trabalhar e, na possibilidade de requerer a prestação a qualquer tempo, especialmente, na irredutibilidade dos seus valores, valendo para o todo e as suas partes componentes, definido como a situação correspondente à detenção simultânea dos requisitos legais descritivos do benefício, dele sem fazer parte o exercício, presente em face do curso do tempo e do advento de norma diminuidora de direitos.

29. Transparência total

Acesso às informações não sigilosas aos usuários de modo a instrumentalizar direito, os gestores das entidades privadas obrigados a fornecerem os atos constitutivos das entidades: edital de privatização (I), convênio de adesão (II), estatuto social (III) e regulamento básico (IV).

30. Consulta plebiscitária

Estudo dos aspectos filosóficos promovido por especialistas e técnicos e levado a referendo dos interessados, recenseamento dos beneficiários como fonte pré-jurídica das transformações na legislação.

31. Centro de estudos

Reconhecimento dos centros de estudos públicos ou privados estimulados convênios com a Administração Pública (I) e a promoção do intercâmbio internacional (II), divulgando suas teses, dissertações, conclusões gerais ou trabalhos técnicos e as experiências de outros países compatíveis com a realidade nacional (III), confrontados com o direito comparado (IV) e também com interesse voltado à medicina e segurança do trabalho, atuária financeira, epidemiologia, demografia e estatística (V).

32. Direito Previdenciário

Cadeira obrigatória nas faculdades de ciências jurídicas e facultativa nas de administração de empresas, ambas desdobradas em teoria científica, exame da legislação, prática administrativa e forense e independente da técnica protetiva.

33. Exercício profissional

Controle do exercício profissional dos contribuintes individuais realizado pelas entidades para isso instituídas, desincumbido o gestor de verificar a atividade profissional, exigida apenas como elemento definidor da filiação a prova da quitação das exigências estatais reclamada exclusivamente para comprovar a existência de contribuintes.

34. Possibilidade de negociação

Criação de instituto técnico da negociação entre contribuintes ou beneficiários e o órgão gestor.

35. Medicina do trabalho

Unificação normativa (I), fiscalização (II) e prática (III) das técnicas de prevenção (IV), higiene (V), medicina (VI) e segurança do trabalho (VII) visando à redução dos acidentes laborais e das doenças do trabalho.

36. Estudo do envelhecimento

Acompanhamento dos aspectos biométricos (I), estatísticos (II) e médicos (III) das conquistas da geriatria e da gerontologia sobre o processo do envelhecimento.

37. Proteção ao idoso

Respeito ao mais velho, conforme definido legalmente, com os privilégios, prerrogativas e distinções inerentes a essa proteção.

38. Direito ao lazer

Agregação aos princípios fundamentais do cidadão o direito ao lazer desfrutável no curso do desenvolvimento profissional mediante providências trabalhistas e, principalmente, por ocasião de inatividade, além da independência do trabalho, a preparação para a aposentação.

39. Retiro dos jubilados

Afastamento da atividade com ações particulares de orientação e defesa dos protegidos, ocupação do tempo, terapia de grupo, turismo incentivado, etc.

40. Dano moral

Direito à reparação nos casos de prejuízo patrimonial ou moral, aos beneficiários, causados por agentes do gestor.

41. Gestão paritária

Gestor administrado por diretoria executiva subordinada a conselho composto de representantes do governo e de empresários, trabalhadores, aposentados e pensionistas.

42. Destinação dos recursos

Recursos securitários exclusivamente destinados às suas prestações, vedada constitucionalmente a transferência para quaisquer outras finalidades.

Capítulo II   NORMAS JURÍDICAS

Normas específicas regulam a disciplina (I), a aplicação (II) e a derrogação da lei (III), sistematizando-a (IV), codificando-a (V) e consolidando as conquistas alcançadas (VI), definidos os institutos técnicos, adaptando a generalidade legal à realidade dos fatos, a reboque dos acontecimentos ditados pela vida e sem estabelecer posturas *a priori*, decantada uma técnica protetiva inspirada nos postulados filosóficos preestabelecidos pela doutrina ou contemplados.

43. Mandamentos constitucionais

Comandos submetidos aos preceitos fundamentais da Carta Magna, refletindo a filosofia dominante, entre os quais os primados de liberdade (I), igualdade (II) e legalidade (III), assegurando os direitos significativos e prevendo as técnicas básicas operacionais, facultado ao elaborador as mudanças necessárias à atualização, dispensada de diretrizes específicas próprias da regulamentação infralegal.

44. Normatização legal

Lei delegada elaborada por especialistas da ciência protetiva e *experts* em redação legislativa, ouvidos os juristas, atuários, médicos do trabalho, higienistas, demógrafos e estatísticos, centros de estudos, sindicatos, universidades e estudiosos em geral.

45. Atualização da legislação

Preceitos gerais determinantes dos requisitos pertinentes à filiação (I), à contribuição (II) e aos benefícios (III), permanentemente atualizados, acompanhando a diminuição da mortalidade infantil (IV), o crescimento da expectativa de vida (V), as modificações da curva salarial (VI), o surgimento de incapacidades novas (VII), o avanço da tecnologia (VIII), o registro de melhores condições laborais e vitais (IX), reformulando os anacronismos (X), a prevenção de acidentes (XI) e os aspectos dinâmicos da sociedade (XII) e das relações de trabalho (XIII).

46. Consolidação das leis

Legislação substantiva e adjetiva periodicamente consolidada com as diretrizes codificadas.

47. Jurisprudência vinculante

Acórdãos iterativos dos tribunais superiores incorporados à legislação com dúvidas solvidas em definitiva instância pela Mais Alta Corte beneficiando casos idênticos, imediatamente estendidos seus efeitos *ex vi* de súmula vinculante.

48. Entendimento administrativo

Decisões substantivas ou adjetivas sistematizadas tomadas em consonância com a jurisprudência dominante, implicando em desistência de ações infrutíferas.

49. Desjuridicização da disciplina

Legislação vazada em terminologia simples, definidora cristalina das obrigações e dos direitos, sem tecnicismo jurídico e redação de fácil leitura ou compreensão pelo comum dos mortais.

50. Despublicização da norma

Abrigados institutos jurídicos como a vontade do beneficiário, excetuado quando imposto o caráter público da norma.

51. Diploma legal

Exclusividade da norma legal disciplinadora, autorizada a delegar ao decreto presidencial que perfilhe sem extrapolação o texto positivado (I), o espírito da *mens legislatoris* (II) e a *mens legis* (III).

52. Aplicação e integração

Preceitos de aplicação e integração sopesa o fato de o Direito Previdenciário ser objetivo (I), patrimonial (II), econômico (III) e social (IV), integrando o Direito Social.

53. Modalidades de interpretação

Adoção de princípios interpretativos em que adotados o *in dubio pro misero* e o *dormientibus non socorrit jus*, em matéria de filiação e benefícios, sem o emprego do postulado do princípio do conhecimento da lei e exegeses restritivas para o financiamento.

54. Independência legislativa

Leis abstraindo as regras laborais, desvinculadas do trabalho; elabora os próprios conceitos, definições e institutos jurídicos, típica e autonomamente caminha distintamente.

55. Justiça competente

Justiça Federal em face da União, mesmo em matéria acidentária, com varas especializadas próprias para a apreciação de conflitos com os beneficiários e os contribuintes, características administrativas e facilidades para os sujeitos da relação jurídica.

56. Justiça Estadual

Justiça dos Estados para a previdência complementar e questões não previdenciárias.

57. Isonomia jurídica

Elaborador e aplicador das normas empenhados em manter a paridade dos iguais e obstada a definição de benefícios distintos a favor de pessoas em igualdades de condições.

58. Singularidade da proteção

Normatização pressupondo a especificidade da técnica protetiva, com vistas suas propriedade (I), singularidade (II), características (III) e finalística própria (IV).

59. Analogia de situações

Utilização da semelhança (I), da similitude (II) e da analogia (III), quando cabíveis.

60. Anacronismos legislativos

Exame periódico da legislação arreda anacronismos surgidos em face do desenvolvimento da tecnologia hodierna.

61. Tendências hodiernas

Propensões doutrinárias consolidadas segundo a doutrina nacional e tidas como elementos pré-jurídicos não desprezados pelo elaborador da norma (I), aplicador (II) ou intérprete (III).

62. Origem do direito

Benefícios derivados da filiação (quando cabível da necessidade), inscrição prévia e *post mortem* presta-se para identificar o titular e assegura a concessão ainda que ultimadas extemporaneamente.

63. Subjetividade da pretensão

Garantia da postulação ao benefício a quem preenche os requisitos legais não importando a situação do sujeito passivo da obrigação, o exercício do direito sem fazer parte de sua definição.

64. Ramo jurídico

Direito Previdenciário, ciência jurídica autônoma, instrumento de realização e acessório das técnicas protetivas.

65. Presunções acolhidas

Clarificação textual das presunções relativas e absolutas, recepcionadas e contempladas conforme seja de filiação (I), contribuição (II) e prestações (III).

66. Princípios jurídicos

Segundo a filosofia vigente a doutrina discute e propõe os preceitos informadores das obrigações e dos direitos constitucionais (I); — igualdade, legalidade, liberdade e direito adquirido; atuarial e financeiro — equilíbrio dos planos de benefícios, arredando-se déficit e superávit e constituição das reservas técnicas (II); filiação — automaticidade, compulsoriedade, facultatividade e primazia da realidade (III); inscrição — pressuposta diante dos registros internos dos bancos de dados ou promovida *a posteriori* (IV); custeio — obrigatoriedade, contributividade, eqüidade, precedência da contribuição nonagesimal, capacidade contributiva, solidariedade fiscal e autonomia da vontade (V); destino especificado das contribuições (VI); prestações — imprescritibilidade do direito, irredutibilidade do valor, impenhorabilidade, definitividade e prescritibilidade de mensalidades (VII); procedimentais — simplicidade, celeridade e transparência (VIII); e interpretativos — aplicação da regra mais benéfica (IX); etc.

Capítulo III — DESCONSTITUCIONALIZAÇÃO DA PROTEÇÃO

Ultrapassada redemocratização do País ao final do processo de abertura política, o advento da Constituição Federal de 1988 com sua excessiva contemplação de direitos melhor positivados na lei — eliminação de menções a institutos legais, deixando de ser leito ideal para a disciplina de matérias postadas em fontes formais inferiores como a lei delegada e o decreto regulamentador.

67. Filosofia previdenciária

Definição da filosofia do Direito Previdenciário, após debate com os especialistas nos centros de estudos, meios universitários, agrupamentos sindicais e associações de aposentados e pensionistas nas audiências públicas.

68. Lei delegada

Autorizado expressamente pelo Congresso Nacional, o Poder Executivo com exclusividade elabora lei delegada que garanta (I), regulamente (II), esmiúce (III), explicite (IV) e esclareça os princípios constitucionais (V).

69. Disciplina administrativa

Concentração tópica das normas regulamentadoras substantivas e adjetivas em decretos presidenciais, oferecidas à aplicação de forma consolidada e nos limites de sua competência, eliminadas orientações, ordens, instruções de serviço, etc.

70. Concentração normativa

Espaço físico único da regulação da seguridade social alcançando todos os segurados urbanos ou rurais, parlamentares e servidores civis e militares.

71. Audiências Públicas

Idéias debatidas em audiências públicas com a participação representativa do gestor (I) e da sociedade (II) e as conclusões encaminhadas ao Poder Executivo.

72. Sistema exacional

Previsão de sistema exacional nacional abrigando subsistema tributário (I) e subsistema de contribuições de intervenção no domínio econômico (II), neste último compreendida a contribuição social da seguridade social.

73. Presença dos princípios

Disciplina constitucional preocupada com os postulados fundamentais da técnica protetiva, ocupada com as diretrizes filosóficas, entre as quais: universalidade de cobertura (I); contributividade (II); solidariedade social (III); equilíbrio atuarial (IV); equivalência urbano-rural (V); seletividade, distributividade, uniformidade, alimentaridade e substitutividade das prestações (VI); gestão paritária colegiada (VII); multiplicidade dos regimes (VIII); diversidade, eqüidade e precedência de custeio (IX); anualidade da exação (X); orçamento descentralizado (XI); parceria pública e privada (XII); técnicas privatísticas (XIII); tipos de planos (XIV); contagem recíproca (XV); clientela alcançada (XVI); desmonopolização do seguro (XVII); contingências protegidas (XVIII); sistema exacional (XIX); cobertura básica, estatal e pública (XX); previdência particular (XXI); respeito ao ato jurídico perfeito (XXII); e à coisa julgada (XXIII); expectativa (XXIV); e direito adquirido (XXV).

Capítulo IV   PREMISSAS ATUARIAIS

Premissas atuariais encaminhadas como diretrizes matemáticas, estatísticas e biométricas referentes às finanças, postulados adequados à proteção social vigente fixados em função da filosofia prevalecente e das possibilidades e condições econômicas do País, definem as previsões e provisões (I), apuram as tábuas biométricas (II) e a expectativa de vida (III), elegendo cada um dos tipos de planos de benefícios (IV), estabelecendo-lhes a carência (V) e orientando-lhes o cálculo (VI), enfim, fornecendo o suporte numérico do sistema (VII).

74. Regimes financeiros

Repartição simples no nível básico, em que filiada a população de menor poder aquisitivo, definida em lei e modificável em médio prazo (I); para o nível intermediário, mescla de repartição e capitalização (II); e no nível superior, consagrada a participação facultativa e regime de capitalização sem se tornar simples poupança individualizada ou mera aplicação financeira (III).

75. Comunicação entre níveis

Superávit do regime financeiro básico sem ser transferido ao regime intermediário nem para o superior e eventual excesso desse nível intermediário converge para o básico.

76. Bases matemáticas

Modelo matemático escorado numa ampla pesquisa atuária, acompanhados os seus desdobramentos desde a feitura da peça orçamentária até a locação dos recursos por intermédio de colegiado de especialistas com participação estatal e da iniciativa privada.

77. Requisitos técnicos

Ciência atuarial importante na informação da norma jurídica disciplinadora dos cálculos dos benefícios e dos critérios de concessão, entre os quais o tempo de serviço (I), o período de carência (II), o período básico de cálculo (III) e o salário-de-benefício (IV), da mesma forma, ouvidos os técnicos definidores da incapacidade laboral, condições especiais de trabalho e serviços de higiene e segurança do trabalho.

78. Avaliações periódicas

Regimes financeiros adequados ao quadro econômico e social do País e às reservas técnicas constituídas, verificados temporariamente sob os auspícios de entidades governamentais (I), de auditorias externas (II) e de pesquisas de fundações nacionais (III).

79. Plano de custeio

Verificação periódica do ordenamento de financiamento de modo a evitar déficits ou superávits.

80. Pesquisas demográficas

Institutos oficiais e centros de estudos particulares fornecem permanentemente elementos para os atuários, quando sopesam o exame das apurações.

81. Tábuas biométricas

Tabulação de mortalidade (I), morbidez (II) e incapacidade contemporânea (III), referente à clientela protegida, permanentemente atualizada; análise da população coberta com definição da clientela, composta apenas de segurados e dependentes.

82. Tipos de rendas

Oferta de renda programada e renda vitalícia na previdência complementar.

Capítulo V — FONTES DE CUSTEIO

Financiamento dos encargos correntes e dos garantidores das reservas técnicas capazes de cumprir as obrigações, destinados os recursos amealhados exclusivamente para o pagamento de prestações em observância a postulado constitucional, com área nitidamente expropriatória beneficiária de comandos universais compatíveis com a exação.

83. Questões abordadas

Normas sobre contribuições, retratam os aspectos da definição do sujeito passivo da obrigação (I), a base de cálculo (II), as alíquotas (III) e, de modo geral, a modalidade de realização da receita (IV).

84. Fomentadores dos recursos

Persistente a seguridade social, constitucionalmente definida como um conjunto de programas de previdência, assistência e ações de saúde, contribuições originárias da folha de pagamento (I), dos contribuintes individuais (II) e patronais, como a renda bruta, receita e faturamento (III), destinadas exclusivamente para o pagamento das prestações previdenciárias e as despesas da assistência social e das ações de saúde custeadas com outras contribuições sociais.

85. Origem dos aportes

Cotizações originárias diretamente das pessoas e indiretamente da sociedade, arrecadadas individualmente e por intermédio das empresas, em face dos princípios da obrigatoriedade (I), da solidariedade (II) e da capacidade contributiva (III).

86. Pluralidade de fontes

Provindo da sociedade e do indivíduo baseadas na participação da empresa e do trabalhador até ser adotada exação única, fontes múltiplas fundadas em hipótese de incidência suficientes para a manutenção das prestações presentes e futuras, definidoras dos direitos postos à disposição dos beneficiários.

87. Taxa de administração

Recursos destinados à cobertura das despesas administrativas do gestor, bem como de eventual insuficiência dos meios, derivados de exações tributárias.

88. Unicidade da exação

Historicamente possível, realização da receita com exação única e exigência fiscal previdenciária calcada num mecanismo simplificado de arrecadação que preveja a contribuição daqueles que omitem o fato gerador.

89. Indivíduo e sociedade

Conforme a capacidade contributiva de cada um, progressivamente escalonado o percentual da participação do indivíduo em relação ao da sociedade.

90. Precedência do custeio

Novas prestações implantadas após a oitiva do atuário e a obtenção dos meios necessários, definidas as condições de vigência do preceito legal e seu caráter financeiro rígido, reguladas as hipóteses deflagradoras, e atribuída ao gestor a discrição de definir ou não a posse dos recursos com exposição de motivos cuidando especificamente da previsão de tais recursos como condição para aprovação.

91. Distributividade da exigibilidade

Alíquotas programadas distributiva e progressivamente para os segurados, favorecendo-se o trabalhador rural (I) e o doméstico (II) e, de modo geral, o hipossuficiente (III), enaltecida a solidariedade profissional e regional de sorte que tais pessoas também contribuam indiretamente com a diferença entre o valor do seu trabalho e o percebível (mais-valia), diferidamente como benefício previdenciário, sobrevindo a concessão em caráter especial, implicando em alíquota atuarialmente concebida para compensar a prestação proporcional ou concessão após breve tempo de contribuição.

92. Contribuição sem benefícios

Possibilidade de criação de novas contribuições mediante lei delegada para fomentar o equilíbrio financeiro sem previsão de benefícios em correspondência.

93. Institutos técnicos

Conceituação técnica de remuneração (I), vínculo de servidor (II), relação empregatícia (III), cessão de mão-de-obra (IV), contrato de empreitada (V), prestação de serviços (VI), ato cooperado (VII), vínculo entre pessoas jurídicas (VIII), parceria (IX), arrendamento (X), etc.

94. Supervisão dos recursos

Fiscalização dos recursos pelo Tribunal de Contas da União e por Agência Reguladora empreendidos pelo gestor segundo lei regente.

95. Pessoa jurídica

Contratação de mão-de-obra fornecida por pessoa jurídica ou contribuinte individual quando tecnicamente preservados os direitos trabalhistas dos obreiros contratados, com autoridade do fisco para desconstituir as situações incompatíveis com a realidade.

96. Presunção do desconto

Presumida oportuna e regularmente retida a contribuição dos segurados sujeitos a desconto.

97. Conhecimento da lei

Impossibilidade de a empresa eximir-se da responsabilidade fiscal sob a alegação de ignorância da lei.

98. Admissão do recolhimento

Presunção do recolhimento das contribuições deduzidas em favor dos segurados submetidos a desconto, entre os quais o servidor (I), o empregado (II) o temporário (III), o avulso (IV) e o doméstico (V).

99. Retenção de contribuição

Contratantes de pessoas jurídicas obrigados a proceder a retenção de valores devidos pelos contratados.

100. Contribuição pretérita

Permissão para o recolhimento de contribuições pretéritas de período sem prova da filiação, com base de cálculo e alíquota compatíveis com o princípio do equilíbrio atuarial e financeiro.

101. Fiscalização da receita

Auditoria promovida pela União.

102. Arrecadação da contribuição

Arrecadação operada mediante a informática e sob os auspícios da relação custo/benefício, tornando rápido o fluxo de caixa com recolhimentos rígidos, constrangidos os inadimplentes de forma severa e capaz de manter a credibilidade da instituição.

103. Recolhimento mensal

Pagamento da contribuição segundo o critério do autolançamento homologado *a posteriori* pelo gestor.

104. Quitação trimestral

Autorização para recolhimento a cada três meses quando o valor pouco expressivo da contribuição justificar.

105. Parcelamento de débito

Empresas e contribuintes individuais em débito com direito de confessar e parcelar as contribuições em até sessenta meses.

106. Condições do parcelamento

Contribuições patronais de contribuinte em dia, vedado o parcelamento de contribuições retidas.

107. Acréscimos legais

Quitação do atrasado com acréscimo constituído de juros de mora, multa automática e correção monetária em razão do processo inflacionário.

108. Irrelevação dos acréscimos

Multa automática não relevável e juros sem conter atualização monetária.

109. Atualização monetária

Correção da perda do poder aquisitivo da moeda independente de juros de mora.

110. Multa fiscal

Sanção de obrigações principais e acessórias inibidoras do descumprimento da norma, reduzido o valor quando demonstrada a boa vontade do contribuinte.

111. Multa automática

Acréscimo fiscal desestimulador da inadimplência.

112. Depósito garantidor

Dispensa do depósito administrativo ou judicial, acompanhado de norma sancionatória de recursos protelatórios.

113. Entidades auxiliares

Órgãos classistas (I), sindicatos (II), entidades de controle do exercício profissional (III) e cooperativas (IV) participam paritariamente da gestão e colaboram com a arrecadação e a fiscalização das fontes de custeio.

114. Guarda de documentos

Inexistência de prazo para a guarda de documentos de interesse dos beneficiários, devendo as empresas, por ocasião do encerramento das atividades, depositá-los em cartórios (I), juntas comerciais (II), órgãos classistas (III) ou entregá-los ao gestor (IV).

115. Garantia da dívida

Contribuinte com débito regularmente parcelado, cumprido, com a dívida garantida, faz jus à certidão negativa de débito.

116. Inexistência de débito

Expedição da certidão negativa de débito sem embaraços para a empresa cumpridora das obrigações fiscais, vedada prestação de serviços ao poder público por parte das inadimplentes.

117. Desnecessidade da inscrição

Cadastro do trabalhador com suficiente emprego da tecnologia organizacional, admitida a inscrição *a posteriori* e a *post mortem*.

118. Teto da previdência

Limite do salário-de-contribuição e, em correspondência, o do salário-de-benefício, estabelecido por decreto regulamentar, ouvidos órgãos supervisores, depois de avaliações históricas (I), atuariais (II), estatísticas (III) e demográficas (IV).

Capítulo VI   CLIENTELA PROTEGIDA

Lei delegada elenca os destinatários da cobertura securitária: segurados (I), e seus dependentes (II); na assistência social os assistidos (I) e nas ações de saúde, os atendidos (II); na previdência complementar, didaticamente classificados como contribuintes ativos (I), com direito adquirido (II), assistidos (III) e pensionistas (IV).

119. Tipo de regimes

Ausente um regime único universal básico, os trabalhadores da iniciativa privada filiam-se a regime geral e os servidores municipais, estaduais, distritais e federais, filiam-se a regimes próprios.

120. Regime geral

Regime dos trabalhadores da iniciativa privada, incluindo segurados obrigatórios e facultativos.

121. Regime próprio

Sistema dos trabalhadores públicos, particularmente servidores efetivos estatutários, com a possibilidade de o servidor afastado do serviço público continuar contribuindo.

122. Segurado e dependente

Pessoalmente considerados os exercentes de atividades econômicas ou não, com finalidade lucrativa ou sem ela, na condição de segurados e na de seus dependentes.

123. Obrigatório e facultativo

Ingresso forçado no regime de proteção social ou admissão dependente da vontade, em suma, segurados obrigatórios ou facultativos.

124. Trabalhador e servidor

Obreiros subordinados (empregados, temporários, domésticos, avulsos, trabalhadores rurais e servidores sem regime próprio), independentes (empresários, eclesiásticos e contribuintes individuais) e prestadores de serviços públicos (admitidos como temporários).

125. Civil e militar

Obreiros civis ou militares das forças armadas, milícias estaduais e corpo de bombeiros.

126. Estatutário e celetista

Ocupantes de cargo efetivo estatutário admitidos após concurso público ou contratados como ocupantes de cargo em comissão ou de confiança.

127. Interino e efetivo

Servidor interinamente ocupante de cargo efetivo ou efetivado nele depois de certo tempo.

128. Agente público

Ocupante de cargos eletivos sujeitos ao regime geral.

129. Necessário e preferencial

Dependentes necessários eleitos como componentes do grupo familiar restrito (marido e mulher, companheiros e filhos menores de idade) ou preferenciais (pais e irmãos incapazes).

130. Idade mínima

Idade mínima fixada em catorze anos em todos os casos.

131. Idade máxima

Sem fixação de idade máxima mesmo para a hipótese de aposentadoria compulsória.

132. Nacional e estrangeiro

Brasileiro ou estrangeiro aqui residente ou trabalhando.

133. Interno ou externo

Segurados trabalhando no território nacional ou fora dele para empresa nacional.

134. Urbano ou rural

Observado o princípio da equivalência urbano-rural, obreiros citadinos ou rurícolas.

135. Ativo e inativo

Quem exerce atividade ou está aposentado, especialmente quem voltou ao trabalho.

136. Disponibilidade ou jubilação

Servidor posto em disponibilidade ou aposentado.

137. Apto e incapaz

Quem tem capacidade laborativa ou não, este último contribui com vistas ao tempo de serviço.

138. Formal e informal

Registrados, isto é, filiados de direito ou não registrados, trabalhadores de fato.

139. Adimplente e inadimplente

Quem está em dia com suas obrigações e quem deve contribuições.

140. Relação entre parentes

Reconhecimento da filiação ocorrida quando de relação laboral entre parentes.

141. Previdência complementar

Os mesmos segurados do regime geral ou do regime próprio.

Capítulo VII — PRESTAÇÕES CONTEMPLADAS

Prestações em dinheiro devidas pela previdência social, sua razão de ser, seu primeiro e último objetivo, idealizadas a partir de disposições regulamentadoras, exteriorizadoras da filosofia e das tendências vigentes e, escravas da norma, refletoras dos mandamentos fundamentais, atendidas prioritariamente pela administração quando comparadas com as de custeio e encaminhadas preferivelmente em primeiro lugar.

142. Unicidade da pretensão

Considerado o benefício básico (I) ou o complementar obrigatório (II), para o titular filiado a apenas um regime as rendas da previdência social facultativa (III) seguem princípios próprios sob o regime de capitalização sem limite de valor.

143. Uniformidade do direito

Prestações idênticas para os indivíduos nas mesmas condições, respeitadas as diferenças típicas de pessoas (I), profissões (II), ocupações (III), evento determinante (IV), salário-de-contribuição (V), salário-de-benefício (VI) e coeficientes de cada um (VII).

144. Alimentaridade do auferido

Desenho, concessão e suspensão das mensalidades, atendida sua feição nitidamente alimentar até certo patamar legal cifrado pelo mínimo previdenciário (I), o auxílio-doença (II) e a aposentadoria por invalidez (III) ou pensão por morte (IV) e auxílio-reclusão (V) e sem essa nuança os atrasados referentes a mais de seis meses (VI).

145. Substitutividade da mensalidade

Mensalidade idealizada para substituir os ingressos do trabalhador — considerado o *quantum* líquido — nas hipóteses contempladas no diploma legal.

146. Atratibilidade do benefício

Prestação — fim maior da previdência social — atraindo a contribuição sem que esta última *per se* gere o direito àquela.

147. Seletividade do plano

Plano de benefícios da previdência básica selecionado, arredado o auxílio-natalidade (I), auxílio-funeral (II), pecúlio (III) ou abono de permanência em serviço (IV) e aposentadoria especial concebida em termos realísticos, quadro de beneficiários e condições adequados à rigidez atuarial e às possibilidades do sistema, sem inclusão de aposentadoria proporcional para o homem ou para a mulher ou benefícios específicos para jornalista, ferroviário, jogador de futebol, prevalecente a do aeronauta em termos de periculosidade.

148. Distributividade do rol

Estrutura previdenciária idealizada de modo a distribuir a renda nacional, favorecendo os segurados de baixos rendimentos.

149. Discricionaridade do titular

Liberdade do titular para requerer as prestações previsíveis *(v.g.* aposentadoria especial, por idade ou por tempo de serviço), sem aposentação compulsória ou norma trabalhista e disciplinada a situação laboral do idoso trabalhando acima de setenta anos.

150. Validade da imprescritibilidade

Imprescritibilidade do direito aos benefícios de pagamento continuado e prescritas mensalidades após certo tempo de inação do titular.

151. Irreversibilidade da concessão

Deferimento irreversível dos benefícios de acordo com a vontade do titular, subsistente a possibilidade de renúncia à aposentação, consoante prazos e regras legais, facultada ao interessado nova concessão no mesmo regime ou em outro, após o necessário acerto de contas e sem sobrevir prejuízos a ninguém, especialmente presente a deliberada intenção de melhorar o valor.

152. Irredutibilidade do quantum

Mantido o poder aquisitivo das mensalidades em face do cenário econômico cifrado à data do início, posicionado o critério em lei e modificado apenas se as condições do País a isso obrigarem e quando de erosão da moeda, atualização das importâncias, adotando-se indexador previdenciário único para todos os fins de correção monetária.

153. Impenhorabilidade do valor

Pagamento dos benefícios ao protegido, descabendo penhora, seqüestro ou submissão a qualquer forma de alienação das mensalidades, ainda que admitidas como garantia de empréstimo bancário consignado.

154. Independência do direito

Direito às prestações, independente da quitação das contribuições.

155. Direito do inadimplente

Concessão de benefícios para o contribuinte individual inadimplente, mediante retenção do valor do débito e respeitado um máximo de trinta por cento ao mês.

156. Desligamento do trabalho

Concessão da aposentadoria por idade, especial ou por tempo de serviço sem o afastamento do trabalho e deferimento do benefício mesmo mantido o contrato de trabalho.

157. Concessão e manutenção

Diante de múltiplos regimes básicos, promovido o acerto de contas com os demais regimes, afetados pela filiação na data do afastamento do trabalho, atribuição de responsabilidade ao último gestor pela concessão e manutenção do benefício.

158. Comunicação aos beneficiários

Ciência por escrito e/ou pela *internet* por ocasião da concessão dos benefícios do seu valor (I), inteirado o requerente da norma aplicada (II), cálculo matemático (III) e critérios (IV), facultada e facilitada a formulação de pedido de reconsideração, administrativo ou judicial.

159. Conhecimento prévio

Ciência do valor do benefício antes do aperfeiçoamento do ato da aposentação, rejeição da concessão apenas mediante manifestação do interessado.

160. Qualidade de segurado

Excetuado para o direito adquirido, qualidade de segurado concebida como fato jurídico e requisito indispensável à concessão dos benefícios, tida durante a base da filiação e mantida por prazo fixado em lei, conforme cada contingência protegida.

161. Período de carência

Número mínimo de contribuições efetivadas, demonstradas pelo contribuinte individual e presumidas em relação aos segurados sujeitos à retenção, exigidas conforme cada tipo de benefício ou circunstância e dispensadas em face do risco coberto consoante determinação legal e adequada à imposição atuarial vigente, maior para os benefícios de risco programado e menor para os imprevisíveis e dispensada nas hipóteses cuja proteção se imponha de imediato.

162. Evento determinante

Contingência protegida definida claramente na norma reguladora, com apontamento das técnicas de avaliação da incapacidade e das referentes a mensuração de tempo de filiação.

163. Concomitância dos requisitos

Simultaneidade dos três pressupostos (qualidade de segurado, período de carência e evento determinante), excetuada no caso do direito adquirido.

164. Período básico de cálculo

Lapso de tempo escolhido pelo elaborador da norma em que apreendidos os salários-de-contribuição necessários à definição do salário-de-benefício, número de meses gradualmente crescentes até chegar a todo o período contributivo.

165. Salário-de-benefício

Média aritmética simples dos salários-de-contribuição corrigidos monetariamente, contidos no período básico de cálculo anterior à data do início do benefício, limitado inferiormente ao salário mínimo previdenciário e superiormente ao limite do salário-de-contribuição para os benefícios de pagamento continuado substituidores da remuneração do segurado ou do seu salário-de-contribuição, bem como correspondente aos meios de subsistência dos seus dependentes.

166. Renda mensal

Renda mensal inicial baseada no salário-de-benefício, conforme o caso, se melhor o do momento em que o titular preencheu os requisitos legais (quando desfrutava de melhores salários-de-contribuição ou de legislação superior), então adotada a atualização monetária com aplicação dos coeficientes para a sua determinação.

167. Valor dos dependentes

Valor da pensão por morte ou auxílio-reclusão, considerada a renda do casal ou da família e a diminuição dos encargos pessoais.

168. Valor mínimo

Importância mínima para a prestação de pagamento continuado substituidora dos salários, não subordinada ao salário mínimo, ao auxílio-acidente e à pensão por morte, divididos entre os titulares tidos como exceção à regra.

169. Atualização do cálculo

Renda inicial atualizada até a data do início do pagamento mediante correção do seu *quantum*, para o benefício requerido tempos após a cessação da atividade ou preenchimento dos requisitos, sem prejuízo da prescrição de mensalidades antes da data de entrada do requerimento.

170. Resgate periódico

Resgate periódico do nível das mensalidades em manutenção erodidas pela inflação com um abono único pago no mês da data-base, compensada a perda do poder aquisitivo durante a vigência do último reajustamento.

171. Prazos revisionais

Salvo fraude, dolo ou má-fé comprovados, o gestor dispõe de dez anos para reexaminar a concessão ou valor dos benefícios, igual prazo para o interessado entrar com o pedido de revisão do cálculo da renda mensal inicial.

172. Contribuições e benefícios

Montante da renda inicial guardando relação correspectiva com a base de cálculo da contribuição sem a prestação alterar a hierarquia social determinada pelos diferentes níveis financeiros.

173. Salário mínimo

Salário mínimo rejeitado como referencial da legislação previdenciária sem se prestar como indicador econômico para nenhum fim.

174. Vontade do beneficiário

Salvo no tocante à pensão por morte e ao auxílio-reclusão — benefícios dos dependentes em que prevalecente o *animus* do legislador —, ouvida a vontade do segurado e atribuído o poder de convenção com o gestor, próprio do direito privado, principalmente na fixação do benefício complementar.

175. Desconto nas mensalidades

Impossibilidade de deduções previdenciárias nas prestações, tendo em vista a contribuição destinar-se exclusivamente ao seu custeio, permitida a retenção nos seguintes casos: pensão alimentícia (I), imposto de renda (II), empréstimo consignado (III), resgate de valores pagos a maior (IV) e outros descontos previstos na lei (V).

176. Transformação de benefícios

Preenchidos os requisitos legais, permitida a mudança de um benefício em outro a pedido do interessado.

177. Contagem recíproca

Preservado o cômputo do tempo de serviço, conforme regras: nenhuma carência no órgão receptor e concessor (I), compensação financeira atual e anual (II), reciprocidade de atendimento (III), alcance geral dos benefícios, inclusive para a aposentadoria especial (IV), exclusão do tempo concomitante ou com contagem especial (V), impossibilidade de utilização do tempo aproveitado anteriormente (VI), concessão e manutenção do benefício pelo regime no qual for requerido (VII) e autorização para o fatiamento do tempo de serviço (VIII).

178. Extinção dos benefícios

Regra legal define a extinção das mensalidades dos benefícios: cessação natural (I), óbito (II), transformação (III), renúncia (IV), etc.

179. Suspensão e cancelamento

Regulamentação objetiva, clara e insofismável das regras da suspensão e do cancelamento dos benefícios, com ampla defesa e após o devido processo legal.

180. Volta ao trabalho

Autorizado retorno ao labor exclusivamente nos casos de aposentadoria por idade e por tempo de contribuição, com sanções impostas volta ao trabalho de qualquer pessoa legalmente obstada de fazê-lo.

181. Reiteração do pedido

Reedição do requerimento de benefício, enquanto a solicitação anterior estiver sendo discutida, administrativa ou judicialmente, sobrevindo acerto de contas por ocasião da solução final.

182. Prestações por incapacidade

Benefícios por incapacidade priorizados com a diminuição ou até a extinção do período de carência e limitação dos requisitos legais, privilegiados por tratamento preferencial na concessão e no tocante aos recursos: auxílio-doença — benefício de duração provisória concedido após quinze dias de incapacidade para o trabalho habitual (I); aposentadoria por invalidez — benefício de longa duração, precedido do auxílio-doença, salvo se a inaptidão caracteriza-se desde o início (II); pensão por morte — benefício decorrente do falecimento do segurado (III); ou auxílio-acidente — benefício de quem sofreu acidente do trabalho, recuperou-se, mas ficou com seqüela, mantido enquanto permanece a diminuição parcial da incapacidade (IV).

183. Prestações acidentárias

Independentemente da indenização civil, presente o dolo ou a culpa do empregador, devidos adicionais aos acidentados, independente da causa deflagradora, com revisão do auxílio-acidente, sem a presunção de que o segurado permanece com a seqüela.

184. Abono anual

Direito do aposentado ou pensionista, à base de um doze avos da mensalidade do benefício do mês de dezembro por mês de percepção da prestação no exercício, em sua definição sujeito à diluição pelas mensalidades se continuar deixando de cumprir o evento determinante (regozijo pelo aniversário de nascimento de Jesus Cristo).

185. Aposentadoria por idade

Benefício de pagamento continuado deferido ao segurado com sessenta e cinco anos de idade e à segurada com sessenta anos de idade, diminuída tal exigência em cinco anos caso se trate de pessoa prestadora de serviços rurais durante tempo firmado em lei, idades mínimas essas revistas a cada oito anos, se mantido o crescimento da expectativa de vida.

186. Aposentadoria por tempo de serviço

Benefício destinado a desaparecer, observadas regras de transição, reconhecido como direito subjetivo constitucional e integrado num sistema laboral, dependente de número pré-fixado de anos, derivado da soma da idade do segurado com o tempo de contribuição, multiplicado o resultado por índices correspondentes a diversas situações protegidas pela norma (Fórmula 95), observados, entre outros, os seguintes preceitos básicos: universalidade (I) — proteção a todos os trabalhadores, incluídos os servidores públicos civis (respeitadas as nuanças desses últimos segmentos) e militares, magistrados e parlamentares; expectativa de direito (II) — situação dos contribuintes com certo tempo de serviço, estabelecido em lei, quando do advento da modalidade, reconhecida a fim de tornar possível uma implantação gradual; desigualdades regionais, baixos salários e precocidade laboral (III) — fator capaz de compensar as diferenças de esperança de vida dos residentes em regiões onde ela seja inferior à média nacional e consideração para com os segurados de baixa renda e os precocemente envolvidos com a atividade laboral; sexo feminino (IV) — fator suficiente para tornar a mulher previdenciariamente igual ao homem e outro, compensador dos exercentes de atividades perigosas, penosas ou insalubres; complementação (V) — por meio de previdência complementar estatal ou particular aberta ou fechada; seguro-desemprego (VI) — concessão de benefício ao involuntariamente inativo, na meia idade, compatível com a dificuldade de recontratação, promovidos os necessários ajustes na legislação laboral; abono de permanência em serviço (VII) — extinção desse benefício e criação de embaraços à volta ao trabalho do aposentado como empregado e, ao mesmo tempo, estímulo como autônomo ou microempresário.

187. *Aposentadoria especial*

Concedida a trabalhador exercente de atividade perigosa, penosa ou insalubre, conforme tempo mínimo e rol de funções fixado em lei, sem os destinatários coincidirem necessariamente com os segurados com direito aos adicionais laborais, independente dos critérios trabalhistas, o tempo de trabalho comum convertido para fins da prestação, o mesmo valendo o especial, para a aposentadoria por tempo de serviço.

188. *Pensão por morte*

Benefício dos dependentes, provisório ou definitivo, direito dos cônjuges e companheiros heterossexuais ou homossexuais mutuamente considerados, filho até dezoito anos ou inválidos, em razão do falecimento (I), ausência (II) ou desaparecimento do segurado instituidor (III), presente a redução da renda mensal.

189. *Perda da condição*

Casamento do pensionista cessa sua cota com o matrimônio quando ele melhora sua situação e por ocasião da concessão, presente mais de uma família fazendo jus ao benefício, metade da renda inicial dividida igualmente entre elas e a restante metade, em partes iguais, a cada um dos dependentes.

190. Auxílio-reclusão

Direito assemelhado ao da pensão por morte sem importar o nível de remuneração do segurado e divergindo do evento determinante, concedido aos dependentes do segurado recolhido à prisão, privado de mantê-los pelos meios normais.

191. Dependência econômica

Concessão da pensão por morte e do auxílio-reclusão ou outro benefício dos dependentes, condicionada às necessidades de subsistência dessas pessoas, sem derivar da filiação ou da contribuição do segurado, subsistente presunção de dependência econômica a favor dos filhos até dezoito anos ou inválidos e entre o homem e a mulher vivendo juntos, ou casal homoafetivo, respaldada no nível da renda familiar e à exceção do grupo familiar, os demais dependentes obrigados a provar a necessidade da prestação, adotado um conceito de dependência econômica sujeita à variação no tempo.

192. União estável

Admitida convivência entre pessoas de sexos diferentes para a proteção previdenciária, com simplificação das provas a serem apresentadas.

193. União homoafetiva

União de pessoas do mesmo sexo, acolhida para os fins da previdência social nas mesmas condições da relação heterossexual.

194. Salário-maternidade

Direito trabalhista sob responsabilidade do gestor, concedido à mulher grávida após o parto ou adotante de filho menor de seis meses, durante tempo fixado em lei, correspondendo à remuneração efetivamente recebida como se estivesse trabalhando, com inclusão do custo diante e da adotante.

195. Salário-família

Prestação trabalhista com encargo atribuído ao gestor, cifrado o valor em função do número de filhos menores de catorze anos ou inválidos.

196. Pensões excepcionais

Pensões devidas a pessoas em caráter excepcional e sem natureza securitária, atribuídas à União.

197. Menor de idade

Autorização para o menor de idade receber a prestação.

198. Impossibilitado de assinar

O analfabeto ou alguém impossibilitado de assinar quita a percepção dos benefícios com impressão digital.

199. Empréstimo consignado

Aprovação do empréstimo consignado na rede bancária com prazo razoável (I), juros compatíveis (II), retenção máxima limitada (III) e controle social do capital emprestado (IV).

200. Tutela e curatela

Possibilidade do tutor ou curador representar o segurado ou dependente nas relações com o gestor.

Capítulo VIII QUALIDADE DE SEGURADO

Técnica da cobertura protetiva, concebida como atributo previdenciário próprio da titularidade da relação jurídica, exigida conforme a natureza do direito postulado ou dispensada após a consumação do direito adquirido.

201. Conceito científico

Estado jurídico qualificador do segurado ou dependente, autorizados a usufruir certas pretensões.

202. Identidade técnica

Construção formal correspondente a ser segurado ou dependente.

203. Pressuposto lógico

Existência da filiação e, excepcionalmente, a vontade do legislador de estender a cobertura por algum tempo.

204. Distinções relevantes

Conhecimento de três modalidades: qualidade de segurado obrigatório (I), qualidade de segurado facultativo (II) e qualidade de dependente (III).

205. Qualidade do aposentado

Subsumido um novo estado jurídico no primeiro dia da jubilação, o requerente aposentado deixa de ser segurado.

206. Qualidade de pensionista

Deferida a pensão por morte ou o auxílio-reclusão o dependente assume a condição de pensionista.

207. Dinâmica evolutiva

Didaticamente as pessoas não têm (I), adquirem (II), preservam (III), perdem (IV), mantêm a qualidade de segurado (V) e a recuperam (VI).

208. Data da aquisição

Aquisição do *status* ocorre no dia do início da filiação, com ou sem a inscrição.

209. Qualidade do informal

Filiado sem inscrição detém a qualidade de segurado nas mesmas condições do formalizado (segurado ou dependente).

210. Vigência do status

Persistentes os pressupostos da qualidade vige o estado jurídico.

211. Data da perda

Cessada a filiação — base jurídica do atributo previdenciário — ainda assim mantém-se essa qualidade.

212. Período de manutenção

Qualidade mantida dentro dos prazos legais, mesmo sem a atividade decantadora da filiação.

213. Prazos legais

Conforme as circunstâncias variam os prazos legais, sempre arredondados e nunca fracionados.

214. Doze meses

Cessada a atividade, durante doze meses mantida a qualidade de segurado como regra do sistema para quem contribuiu por menos de dez anos consecutivos ou não.

215. Dois anos

Prazo adotado para quem contribuiu por mais de dez anos, consecutivos ou não, separada a consecutividade sem ter perdido a qualidade de segurado.

216. Três anos

Acréscimo de doze meses aos vinte e quatro meses anteriores, para quem prova o desemprego.

217. Acréscimo de tempo

Acréscimo de um mês e quinze dias além dos prazos legais praticados pela lei vigente (e a desaparecer).

218. Prazo do facultativo

Sete meses mais quinze dias a contar da última contribuição como segurado.

219. Fruição de benefício

Mantida a qualidade para o segurado em gozo de benefício por incapacidade ou por qualquer outro benefício.

220. Auxílio-acidente

Mantida a qualidade, embora sem a base da filiação do percipiente de auxílio-acidente.

221. Recuperação do atributo

Voltando ao trabalho e à decisão de recolher como facultativo, restabelece-se a qualidade de segurado.

222. Conseqüências da perda

Exceto no caso do preenchimento dos requisitos legais, que configura o direito adquirido, quem perde a qualidade de segurado não faz jus aos benefícios.

Capítulo IX — PERÍODO DE CARÊNCIA

Aportes mensais exigidos conforme o alcance da protetividade da prestação, sopesados segundo critérios históricos decorrentes da capacidade da técnica protetiva vigente, norma padronizada abrangendo os diferentes regimes, e dispensados em hipóteses legais, especialmente nas prestações acidentárias.

223. Conceito básico

Técnica eminentemente atuarial, número mínimo de contribuições para os fins das diversas prestações, estipulado pelo atuário para cada tipo de plano de benefícios.

224. Recolhida ou devida

Acolhimento das contribuições exigíveis aportadas (I), presumidas (II) e efetivamente recolhidas (III) e computadas as mensalidades pagas com acréscimos na inadimplência corrigida (IV).

225. Contribuição parcelada

Validade das cotizações compreendidas no discriminativo do acordo de parcelamento cumprido.

226. Ausência de carência

Dispensa no salário-família (I), infortúnios laborais (II), acidentes de qualquer natureza ou causa (III), doenças graves incapacitantes (IV), serviço sociais (V), benefício da LOAS (VI), assistência social (VII) e ações de saúde (VIII).

227. Qualidade de segurado

Cômputo do tempo anterior à perda da qualidade de segurado para completar o número mínimo, se recomendado em função da fortaleza do sistema.

228. Início das contribuições

Contribuições vertidas antes do início da incapacidade nos casos de auxílio-doença e de aposentadoria por invalidez sem validade para a carência desses benefícios.

229. Benefícios por incapacidade

Auxílio-doença e aposentadoria por invalidez exigem doze contribuições mensais.

230. Benefício dos dependentes

Pensão por morte ou auxílio-reclusão após doze contribuições mensais.

231. Aposentadoria programada

Aposentadoria especial, por idade e por tempo de contribuição, submetida a quinze anos de mensalidades consecutivas ou não.

232. Aposentadoria mínima

Rejeição da aposentadoria mínima para o segurado que perdeu essa qualidade após cumprir o período de carência contemporaneamente sem integralizar os pressupostos.

233. Aposentadoria compulsória

Imposto período de carência enquanto subsistente essa jubilação forçada.

234. Doenças ocupacionais

Benefícios de auxílio-doença (I), auxílio-acidente (II), aposentadoria por invalidez (III) e pensão por morte acidentária (IV) sem período de carência.

235. Salário-maternidade

Dispensado para todas as seguradas.

236. Contagem recíproca

Validade da soma das mensalidades recolhidas nos regimes próprios e no regime geral.

237. Trabalhador rural

Equiparação do tempo de serviço prestado no mundo rural ao período de carência sem exigência de contribuições pretéritas.

238. Regime dos informais

Aplicação minorada das regras do regime geral.

239. Acordos internacionais

Soma das contribuições vertidas nos países contratantes para fins de cumprimento da carência.

Capítulo X — EVENTO DETERMINANTE

Contingências protegidas deflagradoras da proteção, reguladas com precisão científica, claramente explicitadas, sede de questionamentos materiais, reclamam acuidade por parte do aplicador da norma, impondo meios de prova compatíveis com sua relevância, com institutos técnicos submetidos à modalidade protetiva vigente, permanentemente adequados em face do avanço da tecnologia, distinguindo-se previdência da assistência.

240. Incapacidade de trabalho

Inaptidão laborativa para o exercício da atividade habitual do segurado por mais de quinze dias, pressuposto de auxílio-doença comum ou acidentário.

241. Múltipla atividade

Trabalhador exercente de duas ou mais atividades, com o cálculo da renda inicial definido em relação àquela em que caracterizada a incapacidade.

242. Quinze dias

Período anterior à concessão da prestação por incapacidade, devido à empresa, designado usualmente como "primeiros quinze dias", assumida natureza de dever trabalhista e nuança previdenciária.

243. Insuscetibilidade laboral

Incapacidade para o trabalho habitual por mais de quinze dias e insuscetibilidade de aproveitamento em outra ocupação, em seqüência ao auxílio-doença ou não, após perícia médica calcada nos avanços da tecnologia.

244. Ajuda de terceiros

Acréscimo de certo percentual do valor para o percipiente de aposentadoria por invalidez que necessite da ajuda doméstica permanente de terceiros.

245. Mensalidades de recuperação

Período de readaptação de quem recebia aposentadoria por invalidez, ainda com dificuldades de laborar, para permitir a volta ao trabalho.

246. Invalidez de dependente

Incapacidade genérica para o trabalho apurada em perícia médica por parte do filho ou do irmão do segurado maior de idade.

247. Não emancipação

Estado jurídico do dependente sem os requisitos da lei civil para a emancipação.

248. Acidente do trabalho

Ocorrência súbita ou insidiosa compreendida no vínculo empregatício, de ordem traumática (I), doença profissional (II) ou doença do trabalho (III) que obstem o labor habitual por mais de quinze dias.

249. Qualquer natureza

Evento infortunístico ocorrido fora do âmbito do contrato de trabalho, impeditivo do exercício da atividade por mais de quinze dias.

250. Comemoração do Natal

Oportunidade dos cristãos ou não de confraternização religiosa (I), social (II) ou familiar (III), no dia 25 de dezembro.

251. Gestação e maternidade

Período de gravidez, antes e depois do parto, comprovada a gestação e o nascimento ou não, estendida a incapacidade laboral durante certo tempo antes ou após aquele período.

252. Adoção de menor

Licença remunerada para segurado ou segurada adotante de criança de certa idade para dispor de algum tempo aos primeiros cuidados.

253. Guarda de desamparado

Licença remunerada necessária para o responsável pela custódia de menor de certa idade.

254. Parto antecipado

Superveniência de nascimento antes do tempo previsto pelo obstetra.

255. Nascimento sem vida

Parto ou aborto natural de natimorto.

256. Aborto não criminoso

Interrupção legalizada da gestação.

257. Educação de menores

Existência de filhos dos segurados — sem importar o nível da sua renda — carecendo de atenção familiar (I), escolar (II) e sanitária (III) até certa idade definida em lei.

258. Vacinação obrigatória

Submissão legal dos filhos do segurado menores de idade à vacinação periódica.

259. Freqüência à escola

Presença contínua dos filhos do segurado menores de idade à escola.

260. Seqüela incapacitante

Incapacidade parcial e permanente —, ainda que não ocupacional —, propiciadora de benefício provisório adequado à redução da aptidão para o trabalho.

261. Falecimento do segurado

Morte física declarada por médico e registrada em cartório, comprovada com certidão de óbito.

262. Casamento civil

Manutenção *more uxorio* de fato e de direito de casamento civil ou religioso reconhecido civilmente.

263. Casamento religioso

União estável equiparada ao casamento civil.

264. União estável

Relação hetero e homossexual entre duas pessoas com o propósito de contínua e mútua assistência pessoal ou familiar.

265. Dependência econômica

Vínculo econômico ou financeiro entre duas pessoas, presumido para os dependentes preferenciais e demonstrado permanentemente pelos demais.

266. Dependência do separado

Pensão alimentícia de fato ou de direito, ou concessão de um bem patrimonial de pagamento único, capaz de assegurá-la mensalmente.

267. Mútua dependência

Cooperação marital mutuamente subsistente entre casados (I), companheiros (II), membros de uniões homoafetivas (III), pais (IV) e filhos (V).

268. Ausência declarada

Caracterizada a falta do segurado por tempo eleito pela lei civil, estado jurídico constante de documento emitido por autoridade competente.

269. Desaparecimento confirmado

Confirmação do desaparecimento após tempo fixado na lei civil, declaração assemelhada à da ausência do segurado.

270. Recolhimento à prisão

Detenção ou reclusão de segurado em estabelecimento penitenciário.

271. Fuga do presidiário

Evasão do estabelecimento prisional determinante da suspensão do pagamento do auxílio-reclusão.

272. Percepção de remuneração

Existência de salário oriundo de vínculo empregatício do segurado durante o período de reclusão.

273. Habilitação profissional

Necessidade física ou psíquica determinante dos serviços sociais de preparação ou treinamento profissional de pessoa sem dispor de recursos para se aperfeiçoar ou ingressar no mercado de trabalho.

274. Reabilitação laboral

Perda da aptidão para o trabalho, anteriormente desfrutada, em decorrência de doença comum ou ocupacional.

275. Necessidade de subsistência

Miserabilidade de idoso sem preencher os requisitos legais previdenciários ou dispor de meios próprios, avaliada segundo a capacidade da seguridade social de lhe conferir benefício assistenciário de pagamento continuado.

276. Deficiência humana

Incapacidade laboral de pessoa cujos familiares não têm como mantê-la (I), estado físico (II) ou mental insuficiente (III), apurado em perícia médica promovida pelo gestor.

277. Serviço especial

Exercício habitual e permanente de atividade profissional perigosa (I), penosa (II), insalubre (III), ergométrica (IV) ou psicológica (V), acima dos limites de tolerância, conforme rol e níveis explicitados na lei, independentemente da tecnologia de proteção, durante certo número de anos, declarado imperativamente por pessoa habilitada de que o segurado teve sua saúde ou integridade física ameaçadas.

278. Idade avançada

Idade provecta, distinguida a mulher do homem e os rurícolas, faixa etária elevada submetida à evolução histórica de acordo com a tábua de mortalidade dos beneficiários.

279. Tempo de contribuição

Subsistente a aposentadoria por tempo de contribuição, comprovação do exercício de atividade remunerada (I) ou demonstração da vontade de filiar-se (II), durante certo tempo, incluído o período de inatividade pretérita com contribuições (III).

280. Fruição de benefícios

Percepção de mensalidades de benefícios por incapacidade, substituidores do salário.

281. Tempo de filiação

Lapso de tempo descrito na lei durante o qual o segurado, obrigatória ou facultativamente, esteve juridicamente vinculado.

282. Tempo de serviço

Período de trabalho do segurado (I), de contribuição (II) ou de ausência de atividade, equiparado pela lei (III).

283. Tempo fictício

Acréscimo de tempo (caso da conversão do tempo especial para o comum ou da tripulação embarcada).

284. Magistério escolar

Exercício de atividade educacional lecionando nas salas de aula com "giz na mão", durante anos letivos, menores, para o professor e para a professora.

285. Necessidade de atendimento

Carência de orientação jurídica (I), social (II), pessoal (III) ou laboral (IV), atendidas pelo serviço social.

286. Desemprego involuntário

Perda do emprego de segurado sem meios habituais de subsistência, sem lograr posto de trabalho e se se predispuser a serviços voluntários.

287. Estado de anistiado

Situação jurídica declarada por autoridade, de que o segurado foi vítima de perseguição política durante anos fixados na lei.

288. Condição de ex-combatente

Participação na Segunda Guerra Mundial declarada por autoridade, nos termos da lei.

Capítulo XI

PERÍCIA MÉDICA

Ajuizando com as prestações que dependem de avaliação médica da condição de trabalho a perícia médica oficial reclama cuidados particulares, treinamento intensivo, cultura existencial, conhecimento da higiene, medicina e segurança do trabalho, domínio do avanço da tecnologia (enfrentando anacronismos), alguma psicologia e sociologia.

289. Competência técnica

Definição das prestações por incapacidade, acidentárias ou previdenciárias, a partir de idéias adequadas: autoridade estatal competente estabelece ou não a inaptidão (I), confronto do ambiente de trabalho com a doença alegada (II), relação epidemiológica entre a função do segurado e a morbidez suscitada (III), avaliação da duração, parcial ou permanente, da licença médica (IV), possibilidade de recuperação do obreiro (V), obrigada a se manifestar sobre a incapacidade efetiva para o trabalho, mesmo quando o segurado não faz jus a benefício previdenciário porque não era filiado, ou inaptidão inferior a quinze dias.

290. Poder de império

Atribuição do gestor para determinar a natureza etiológica da inaptidão — se comum ou acidentária — por ocasião da solicitação de benefício por incapacidade, diante da alegação do segurado e em razão dos efeitos jurídicos da causalidade presente e mesmo em virtude da exigência do período de carência, direito-dever próprio da seguradora exercitado com inteligência (I), ciência (II) e objetividade (III), levando em conta as conseqüências de variada ordem prática e jurídica.

291. Nexo epidemiológico

Dever pericial acrescido ao tecnicamente difícil encargo de descobrir se um segurado pode trabalhar em decorrência de doença do trabalho, de doença profissional ou de acidente típico — com todos os consectários havidos nos últimos anos, em que a previdência social tem sido instrumento de solução de problemas econômicos e sociais do País, com um esforço científico de verificação da existência de uma relação lógica, física e jurídica entre o ambiente de trabalho e a doença da qual o segurado foi vítima, epidemiologicamente considerado o raciocínio.

292. Modus operandi

Trabalho técnico da perícia médica próprio da medicina, com acentuadas particularidades envolvendo o laboralismo, descabendo-lhe verificar a presença de outros requisitos legais da prestação (período de carência ou qualidade de segurado).

293. Início da incapacidade

Administrativamente, fixação da data do início da incapacidade, informando ao segurado o resultado da avaliação sem manifestação sobre o direito ao benefício, atribuição própria do setor administrativo.

294. Anamnese ocupacional

Atribuição médica complexa que, após receber o segurado, ouvido em suas queixas, apura as condições laborais (I), o histórico médico (II) e as observações gerais e específicas (III), perquirindo o ambiente de trabalho ainda que a partir da descrição do examinado, buscando notícias de como a função é ergometricamente executada e tomando conhecimento de condições, ferramentas, equipamentos utilizados e como é a organização do trabalho na empresa.

295. Capacidade para o trabalho

Fundamentalmente verifica se o segurado está incapaz ou capaz para o seu trabalho por mais de quinze dias, baseado nas técnicas e experiências do nexo causal.

296. Natureza da função

Diante da incapacidade, consulta o examinado e obtém informações de sua função, na tentativa de relacioná-la com o agravo alegado.

297. Atividade da empresa

Determina a atividade principal da empresa a partir de sua razão social e de informações de que dispuser, inclusive as obtidas do examinado.

298. Perquirições científicas

Evidenciados pelo menos dois tipos de investigações ressaltadas no estabelecimento da incapacidade: endógenas — as que dizem respeito ao ambiente de trabalho, impondo pormenorizar, de preferência, pessoalmente o tipo de exploração econômica empreendido pela empresa no estabelecimento em que opera o requerente e qual sua função específica (I), e exógenas — as referidas ao enquadramento da incapacidade pessoal do segurado (II).

299. Perícias in loco

Perícia médica no local, definida como exame físico visual efetuado por profissional tecnicamente habilitado e compromissado, em face de certo cenário trabalhista, classificada como direta (I) — quando esse especialista observou pessoalmente o local de trabalho, oblíqua (II) — inferida ou presumida de outros fatos, ou indireta (III) — apenas ouviu depoimentos testemunhais e, no caso de dúvida quanto ao fato sustentado pelo segurado, a exemplo dos juízes, averigua pessoalmente as condições de trabalho para poder chegar à conclusão ou solicitar que outros o façam.

300. Exames laboratoriais

Conclusão da perícia médica dependente de maior investigação clínica, pesquisa operada na pessoa do segurado e, nesse caso, antes de ultimar o diagnóstico final da incapacidade, solicita exames laboratoriais, desnecessários se o segurado, *a priori*, apresenta laudos periciais, receituários, provas de tratamento, internações convincentes.

301. Exames complementares

Exames complementares verazes para elucidar não só a incapacidade em si mesma como a sua origem, constituindo-se de apurações médicas mais profundas e demoradas.

302. Requisição de diligência

Diante de exame preambular não suficiente, requisição de informações que tornem possível deter um retrato fiel do ambiente laboral, com vistas ao raciocínio técnico que terá de se utilizar, tida a diligência como estudo de situação de fato, providenciada por pessoa não necessariamente habilitada para a perícia médica e quando a conclusão não depender de profundos conhecimentos sobre a matéria, que constatará ou não a ocorrência de alguma informação de interesse da investigação técnica.

303. Avaliação física

Exame propriamente dito, em razão da patologia suscitada, operado com a verificação de pressão arterial (I), temperatura (II), pulsação (III), exame dos olhos (IV) e da pele (V) e, dispondo de recursos para isso, outras apurações como audiometria (VI), eletroencefalografia (VII), ultrassonografia (VIII), radiografia dos pulmões (IX), holter (X), teste ergométrico (XI) ou de esforço físico (XII), etc.

304. Seqüência da perícia

Identificar o segurado, anotando sua idade (I) e estado civil (II), constatar o seu estado geral (III), promover o exame clínico (físico e mental) (IV), concentrar-se na doença alegada e o auscultar conforme o tipo de morbidez constante da literatura médica (V), envidar uma anamnese objetiva (VI), identificar o cargo e a função do trabalhador e há quanto tempo é exercida (VII), saber do seu nível social (salário) e saber de questões familiares, se isso for possível (VIII), ouvir observações sobre os antecedentes médicos familiares (IX), verificar o nível da incapacidade parcial ou total (X), definir se a inaptidão é causal ou concausal (XI), quando ocupacional, qual delas e se não houver, qual a natureza (XII), compulsar os documentos trazidos que retratem os tratamentos, medicamentos, internações, atestados, perícias, laudos, receitas, etc. (XIII), solicitar o atestado de saúde ocupacional (XIV), meditar sobre o local de trabalho como informado e as condições laborais (XV), presenciar agentes nocivos (XVI), tabular a experiência epidemiológica da empresa e do segmento econômico da atividade (XVII), solicitar o prontuário médico preparado pela empresa (XVIII), avaliar registros de dados médicos internos (XIX), compulsar a carteira de trabalho para saber de prestações anteriores (XX), ajuizar sobre causalidade do nexo, distinguindo o acidente típico da doença ocupacional (XXI), decantar ou não a presença do nexo epidemiológico (XXII), sopesar a licença provisória ou permanente (XXIII), precisar a data do início da doença, a data do início da incapacidade ou data da cessação da incapacidade (XXIV), concluir se benefício comum ou acidentário (XXV) e emitir a comunicação devida (XXVI).

Capítulo XII — FATOR PREVIDENCIÁRIO

Estabelecimento de relação entre a contribuição e o benefício referente às prestações programadas baseadas no regime financeiro de capitalização e plano de benefícios de contribuição definida, a par de um período básico de cálculo adequado, exigência de um sistema equilibrado atuarialmente, aceitável e apoiado num instrumento promotor dessa correspectividade cientificamente técnico.

305. Instituto técnico

Exigido plano de benefícios atuarial e financeiramente equilibrado, de vínculo matemático e financeiro entre a contribuição devida ou recolhida e a renda mensal mantida durante a esperança de vida do aposentado, com projeção para os dependentes, para as prestações de pagamento continuado programadas.

306. Conceito mínimo

Número menor ou maior que a unidade capaz de expressar o elo entre a contribuição e a manutenção do benefício em termos de renda inicial, resultante de expressão matemática cujos componentes básicos levem em conta o tempo de contribuição (I), a duração do benefício (II) e a idade do aposentando (III).

307. Objetivo científico

Indicador que estabeleça correlação entre a contribuição (I), o valor do benefício (II) e o seu período de manutenção (III).

308. Expressão aritmética

Manifestada por meio de resultado de fórmula aritmética aplicada ao salário-de-benefício determinante da renda inicial do benefício.

309. Elementos constantes

Fórmula com três constantes matemáticas: número 1 (I), número 100 (II) e taxa de contribuição média apurada periodicamente (III).

310. Constante da contribuição

Constante que resulte da média da contribuição da sociedade e do trabalhador, eleita de modo que em termos gerais o fator seja igual a um com quarenta anos de contribuição (I), sessenta anos de idade (II) e vinte anos de expectativa de vida (III).

311. Dados variáveis

Adotados três dados biométricos: tempo de contribuição (I), expectativa de vida (II) e idade do aposentando (III).

312. Tempo de contribuição

Tempo de contribuição mensurado em anos de trezentos e sessenta e cinco dias, meses de trinta dias e sem o emprego do ano bissexto.

313. Acréscimo de tempo

Adução de tempo de serviço para o professor, a professora e o exercente de atividades especiais.

314. Expectativa de vida

Expectativa de vida da população protegida, regionalizada e por sexo.

315. Idade do trabalhador

Idade do segurado contada em anos, meses e dias.

316. Implantação gradual

Gradualização da implantação segundo coeficiente da relação entre o tempo de contribuição até a data da inovação e depois dessa data-base.

317. Efeito recorrente

Controle demográfico e estatístico verificador da perda da qualidade de vida dos jubilados em razão da diminuição do fator e mais adiante o aumento deste.

318. Abrangência dos protegidos

Universalmente instituto técnico válido para os segurados de todos os regimes de previdência social básica.

319. Benefícios alcançados

Excepcionada a protetividade da aposentadoria por invalidez, abrange todas as aposentadorias, ou seja, a especial, por idade, do professor, do exilado e a do tempo de contribuição.

320. Constitucionalidade do instituto

Validade constitucional assegurada pelo fato de estabelecer correlação entre contribuição (I) e benefícios (II), supedânea de um equilíbrio atuarial e financeiro.

Capítulo XIII — FÓRMULA 95

Subsistente o tempo de contribuição como determinante de prestações, prevê mecanismo capaz de compensar a precocidade laboral de certas parcelas da população — despossuídos ou mal remunerados, operando na informalidade e sem condições sociais de subsistência por comparação com os nascidos em melhores condições, membros da classe média ou os que desfrutam de esperança média de vida superior, uma modalidade que presuma o esforço dos hipossuficientes, despreparados profissional e educacionalmente, aferida essa condição social a partir da idade contemporânea à data do pedido do benefício, evento determinante de fácil demonstração e que, combinada com o fator previdenciário, relação correspectiva entre o trabalho remunerado e a renda inicial e não entre a contribuição contemporânea em razão da hipossuficiência do segurado, com a particularidade de estabelecer limite mínimo de idade pessoal e não nacional, reconhece a idéia de que a precocidade laboral e o período contributivo dos segurados de baixa renda sejam compensados.

321. Conceito doutrinário

Expressão matemática combina a soma do tempo de serviço ou de contribuição com a idade, corrigidos tais indicadores pessoais em casos particulares, de modo a atingir noventa e cinco anos ou total correspondente à capacidade do regime de custear os benefícios.

322. Clientela alcançada

Abrangidos todos os segurados do País, incluindo trabalhadores da iniciativa privada e servidores civis ou militares.

323. Componentes matemáticos

Fórmula constituída de duas variáveis e dois fatores específicos de situações particulares:

$A.n + B.x.y.z = 95$

A = idade do segurado (I);

B = tempo de contribuição (II);

x = índice da mulher (III);

y = serviço especial (IV);

z = índice do professor (V);

n = trabalhador rural (VI).

324. Idade do segurado

Idade da pessoa expressa em anos, meses e dias, aferida quando do pedido do benefício, apurada em certidão de nascimento, casamento e, se inexistentes registros oficiais, mediante perícia médica.

325. Tempo de contribuição

Tempo de contribuição — de pagamento efetivamente realizado ou presumido — e de filiação, ou seja, períodos sem recolhimentos, caso das prestações por incapacidade e outros lapsos de tempo reconhecidos como tempo de serviço.

326. Índice da mulher

Convencionado periodicamente, fração maior do que um, de modo que ela possa atingir os noventa e cinco anos antes dos homens, enquanto legalmente acolhido.

327. Serviço especial

Estipulados pelo Poder Executivo, três frações maiores do que um, periodicamente convencionadas em favor dos exercentes de atividades perigosas (I), penosas (II) ou insalubres (III), ergométricas (IV) ou psicológicas (V), capazes de pôr em risco a saúde do segurado.

328. Índice do professor

Fator para o professor (I) e para a professora (II), fixados historicamente pelo Poder Executivo.

329. Trabalhador rural

Percentual próprio para o rurícola definido em lei, distinguida a mulher do homem.

330. Pressupostos científicos

Adoção técnica pressupondo princípios compatíveis: universalidade da proteção (I), preceitos atuariais (II), deselitização do benefício (III), distributividade das rendas (IV), desigualdades sociais (V), precocidade laboral (VI), distinções profissionais (VII), distinção sexual (VIII), ajustes laborais (IX) e expectativa de direito (X).

Capítulo XIV — RENDA INICIAL

Nível inicial das mensalidades dos benefícios de pagamento continuado submetido a cálculo derivado da contribuição mensal do segurado em certo período, com caráter alimentar, papel substituidor da prestação previdenciária, correspectividade entre o recolhimento e a prestação, de acordo com a lei vigente quando dos pagamentos.

331. Período de cálculo

Aferição da mensalidade inicial operada a partir do período básico de cálculo, no mínimo equivalente ao período de carência precedente à data da sua apuração, lapso de tempo implantado gradualmente até corresponder a todo o tempo de contribuição considerado.

332. Mês inicial

Termo inicial do período básico de cálculo eleito pela lei, sem reconhecimento das contribuições anteriores.

333. Termo final

Último dia do mês do salário-de-contribuição anterior ao início do benefício.

334. Salário-de-contribuição

Respeitados patamares mínimo e máximo, bases de cálculo iguais às da definição exacional da cotização.

335. Cálculo virtual

Abandonada a contribuição patronal incidente sobre a folha de pagamento e preservada a do trabalhador — sempre recomendável — adotada esta última para abastecer os elementos da renda mensal e até mesmo se a medida do fato gerador for substituída por exação única, criadas bases de cálculo virtuais para efeito de aferição das mensalidades do benefício.

336. Falhas de filiação

Ausentes meses de filiação dentro do período básico de cálculo, períodos desconsiderados e sem fazer parte do cálculo da média, o controle atuarial da correspectividade entre a contribuição e o benefício estimado a partir da exigência do período de carência.

337. Inadimplência contributiva

Meses de inadimplência integrantes do período básico de cálculo, cobradas as suas mensalidades quando da quitação da prestação ou, caso contrário, vedado o abandono como períodos de ausência de filiação.

338. Períodos em débito

Direito ao benefício durante a inadimplência, cabendo soluções administrativas de composição com o segurado ou o dependente.

339. Benefícios por incapacidade

Salário-de-benefício mensal contido no período básico de cálculo de benefício por incapacidade intercalado, considerado como salário-de-contribuição de prestação subseqüente.

340. Auxílio-acidente

Respeitado o limite do salário-de-contribuição, *quantum* do auxílio-acidente mensalmente acrescido para definição do salário-de-contribuição sem que as falhas de contribuição sejam supridas com a percepção do montante do auxílio-acidente.

341. Mensalidades de recuperação

Mensalidades de recuperação da aposentadoria por invalidez sem fazer parte do salário-de-contribuição de benefício novo ou serem incorporadas, caso o segurado tenha voltado ao trabalho ou a contribuir e, então, se adiante concedida outra prestação aferida com base no período básico de cálculo que antecede o pedido do benefício.

342. Majorações dos salários

Alterações bruscas das bases de cálculo da contribuição incompatíveis ou indevidas, rechaçadas por sua impropriedade numa previdência contributiva e em que a renda inicial exprime relação de correspondência entre a contribuição aportada e o montante mensal, máxime referindo-se às prestações sem carência ou de carência curta.

343. Cadastro interno

Números constantes dos cadastros internos utilizados para o cálculo dos benefícios, permitidas alterações ou confrontações *a posteriori*.

344. Ausência de prova

Instruído o pedido do benefício, presentes dificuldades de provar os salários-de-contribuição, deferida a prestação mínima de imediato e aguardada a persuasão adicional do verdadeiro nível e o *quantum* da renda inicial retroagindo ao início do benefício.

345. Atualização monetária

Salários-de-contribuição mensalmente corrigidos enquanto persistentes índices de inflação definidos na lei.

346. Soma dos salários-de-contribuição

Totalização de todos os salários-de-contribuição depois de corrigidos.

347. Média dos salários-de-contribuição

Salário-de-benefício definido como média resultante da divisão do total dos salários-de-contribuição corrigidos pelo número de meses considerados na adição.

348. Média mínima

Valor nunca inferior à base mínima de cálculo da contribuição para jornada de trabalho normal.

349. Média máxima

Valor inferior ao limite do salário-de-contribuição, fixado em lei delegada.

350. Salário-de-benefício

Média dos salários-de-contribuição, observados os valores mínimo e máximo vigentes no último mês do período básico de cálculo.

351. Percentual aplicável

Aplicado coeficiente do segurado ou do dependente conforme o benefício.

352. Fator previdenciário

Renda inicial correspectiva entre a contribuição e a expectativa de vida, aplicado à aposentadoria especial, por idade ou por tempo de contribuição.

353. Correspectividade contributiva

Cálculo das mensalidades consoante relação entre a contribuição vertida e o recebido pelo segurado, excetuado nas prestações por incapacidade, de sorte que, quando cabível, benefício devido em função da necessidade.

354. Valor inicial

Renda inicial resultante do salário-de-benefício, do percentual do segurado ou da prestação e do fator previdenciário, quando cabível.

355. Montante mínimo

Renda mensal dos benefícios idêntica ao mínimo previdenciário.

356. Renda máxima

Renda mensal dos benefícios igual ao limite do salário-de-contribuição, exceto para a hipótese de acréscimo da aposentadoria por invalidez.

357. Normas benéficas

Irrelevante motivo lícito, se em momento pretérito ao do pedido do benefício de pagamento continuado, o cálculo da renda inicial superar o atual, deferida a prestação de maior valor em cumprimento à regra da norma mais benéfica.

358. Direito adquirido

Preenchidos os requisitos legais no passado, mesmo após ter perdido a qualidade de segurado, renda inicial calculada segundo a norma vigente ao tempo dos fatos, atualizados os valores conforme os indexadores utilizados para os benefícios em manutenção no interregno e pagas as mensalidades a partir da data do seu início.

359. Acréscimo de 25%

Renda inicial acrescida de 25%, com um limite máximo de 125%, para o percipiente de aposentadoria por invalidez necessitado de assistência permanente.

360. Substitutividade da mensalidade

Prestação previdenciária considerada como substituta da remuneração e das bases de cálculo da contribuição, como regra de interpretação e nos casos cabíveis de dúvida, especialmente na múltipla atividade.

361. Bruto ou líquido

Segurados dos regimes previdenciários com montante líquido resultante de um valor bruto menos a contribuição, pago como mensalidade do benefício.

362. Múltipla atividade

Salários-de-contribuição somados mensalmente como um só para o segurado que exerce mais de uma atividade dentro do período básico de cálculo.

363. Duplo exercício

Cálculo do benefício do exercente de duas ou mais atividades, do incapaz para o trabalho, apenas uma delas observa o salário-de-contribuição dessa atividade sem prejuízo dele continuar laborando nas outras atividades.

364. Aposentadoria especial

Salário-de-contribuição somado como se o segurado exercesse uma só atividade, para o titular com direito à aposentadoria especial que, ao mesmo tempo, exerce atividade comum.

365. Quantum *tabelado*

Benefícios de renda tabelada periodicamente atualizados.

366. Regras de transição

Renda inicial submetida à distinção, separadas as normas transitórias das permanentes.

367. Conteúdo da certidão

Observado o limite próprio de cada regime previdenciário, salários-de-contribuição mensais integrantes das certidões de tempo de serviço expedidas pelo regime emissor, considerados no regime receptor.

368. Pensão por morte

Valor do benefício considerada a necessidade do dependente em face de eventual percepção de benefício do regime geral ou do regime próprio.

369. Divisão da pensão

Calculada a renda do benefício, promovida a divisão conforme as regras legais.

370. Concessão sub judice

Presentes dois ou mais interessados na pensão por morte, com possível direito, concessão provisória a quem atende aos requisitos legais e sobrestamento da parte restante até que se apresente o titular.

Capítulo XV — INÍCIO DOS PAGAMENTOS

Norma aclara a data do início de todas as prestações segundo critérios razoáveis, sem destoar do sistema protetivo ou pretender punir quem se atrasou em relação ao tempo esperado.

371. Auxílio-doença

Décimo sexto dia, contado da data de afastamento do trabalho — pagos os primeiros quinze dias pelo dador de serviço (empregador, fornecedor de temporário, gestor de mão-de-obra portuária, empregador doméstico, etc.) — no caso de empregado (I), temporário (II), avulso (III) e doméstico (IV).

372. Obreiros não subordinados

Para o servidor sem regime próprio, filiado ao regime geral (I), contribuinte individual (II), segurado especial (III) e facultativo (IV), na data de entrada do requerimento, sem importar, para esse fim, o início da incapacidade.

373. Obstado de requerer

Comprovado que o segurado esteve impossibilitado de requerer o benefício, naquele mesmo décimo sexto dia.

374. Aposentadoria por invalidez

Décimo sexto dia, contado da data do afastamento do trabalho — pagos os primeiros quinze dias pelo dador de serviço no caso de empregado (I), temporário (II), avulso (III) e doméstico (IV), bem como em se tratando do servidor do regime próprio (V) — e precedido de auxílio-doença, no dia seguinte ao da cessação deste.

375. Acréscimo de 25%

Comprovada a condição necessária, a partir da data do requerimento dessa vantagem.

376. Auxílio-acidente

Iniciado no dia seguinte ao da cessação do auxílio-doença acidentário.

377. Salário-maternidade

Trinta dias antes do parto e mantido por mais três meses.

378. Adoção ou guarda

Data da comprovação da adoção ou custódia do menor de idade.

379. Salário-família

Momento de entrega dos documentos comprobatórios do direito ao benefício: certidão de nascimento (I), atestado de freqüência (II) e caderneta de vacinação (III).

380. Abono anual

Enquanto existir — extinto em face de sua desnaturação e acrescendo um doze avos do seu valor ao mês —, benefício de pagamento anualmente único referido ao mês de dezembro de cada ano sem data para começar.

381. Pensão por morte

Data do óbito, sem relevar a data do requerimento até cinco anos e depois desse lustro na data de entrada do requerimento.

382. Menores de idade

Para os menores de idade ou incapazes, na data do óbito.

383. Ausência ou desaparecimento

Data da ausência ou desaparecimento declarada, quem de direito.

384. Divisão da pensão

Extemporaneamente apresentado o dependente com direito, divisão a partir do protocolo dos documentos comprobatórios do direito.

385. Auxílio-reclusão

Data do recolhimento à prisão, quitado o benefício a partir da data da apresentação dos documentos comprobatórios.

386. Recaptura do fugido

Recapturado após a fuga — se entrementes não foi deferida a pensão por morte, caracterizada pela ausência ou desaparecimento —, reinício na data do recolhimento ao instituto prisional.

387. Aposentadoria especial

Data de entrada do pedido e se suspenso o seu pagamento devido à volta ao trabalho vedado, reiniciado por ocasião da comprovação do afastamento desse labor impedido.

388. Aposentadoria por idade

Data de entrada do requerimento.

389. Aposentadoria por tempo de contribuição

Data de entrada do requerimento.

390. Efeitos da desaposentação

Considerados a partir da data do pedido de renúncia ao benefício.

391. Exercício extemporâneo

Exercitado o direito fora do prazo usual — calculada a renda inicial segundo as regras da norma vigente ao tempo dos fatos e atualizado o valor até a data efetiva do pagamento — na data da manifestação do titular.

392. Ações judiciais

Na data de petição inicial sem importar quando ocorreu a juntada de comprovantes do direito ou da sentença prolatada.

393. Revisões administrativas

Comprovados argumentos ou provas *a posteriori* referentes aos pressupostos do direito antes decantado, recalculada a renda mensal ou adotados novos critérios de concessão, com efeitos financeiros desde a data do início do benefício.

394. Revisões judiciais

Produzida a prova *a posteriori* do dealbar do direito, diferença a maior contada desde a data da apresentação dos documentos comprobatórios.

395. Transformação de benefícios

Requerida a mudança, começa a contar da data de entrada do requerimento em que solicitada a transformação.

396. Benefício da LOAS

Data de entrada do requerimento.

397. Pedidos gerais

Requerimentos gerais contados da data de entrada do requerimento.

Capítulo XVI — ACUMULAÇÃO DE PRESTAÇÕES

Direito à percepção concomitante de prestações, consistente na recepção simultânea de duas ou mais delas de mesma ou distinta natureza, cifrado em círculos concêntricos dos regimes e suas intersecções, vale dizer, regulamentação de fora para dentro, regula os comandos da proteção social (I), em segundo lugar, os securitários (II), depois, os previdenciários do regime geral e regimes próprios (III), em seguida aqueles que envolvem outros direitos (IV), distinção dos segurados e dependentes (V) e, por último, quando couber, combinação desses postulados com os da previdência complementar fechada (VI) e da aberta (VII).

398. Comandos protetivos

Preceitos da proteção social constantes de norma própria, cada um deles regula a concessão juntamente com os demais direitos sociais, sem confusão das pensões sociais com os benefícios previdenciários.

399. Ordem securitária

Distinção legal securitária operada em relação ao universo previdenciário (I), assistenciário (II) e sanitário (III), este último direito associado com qualquer outro, separando a assistência da previdência.

400. Normas de superdireito

Regras disciplinando o gozo simultâneo ou exclusão de benefícios dos diferentes regimes: geral (I), especial (II) ou próprio (III).

401. Básica e complementar

Prestação básica afetada pela complementação da previdência fechada e vice-versa.

402. Duplo emprego

Exercente de duas ou mais filiações no regime geral tem os salários-de-contribuição somados para fins de concessão de apenas um benefício.

403. Duas aposentadorias

Exceto nos casos de direito adquirido, vige a impossibilidade de duas aposentadorias no regime geral, admitida excepcionalmente no serviço por determinação constitucional.

404. Emprego e aposentadoria

Direito de percepção de aposentadoria e manutenção de vínculo empregatício.

405. Opção ao titular

Faculdade cometida àquele que preenche os requisitos legais de dois benefícios inacumuláveis de escolher o melhor deles.

406. Aberta e fechada

Disposições próprias no âmbito da previdência fechada patrocinada por empregador (I), associativa instituída (II), previdência aberta (III) e disposições gerais, abrangendo-as.

407. Prevalência da norma

Lei com regras próprias fixando preceitos sobre cumulação, suplantando os postulados doutrinários.

408. Prestações continuadas

Regras do benefício de pagamento continuado distintas do benefício de pagamento único.

409. Benefício único

Prestações de pagamento único com suas próprias cominações, admitida a combinação com outros direitos previdenciários igualmente únicos.

410. Natureza substituidora

Impossibilidade de acumulação entre dois benefícios substituidores das remunerações.

411. Substituidores e não substituidores

Percepção dos benefícios substituidores com os não substituidores.

412. Acidentários e não acidentários

Vedação da percepção de duas prestações acidentárias, com exceção do auxílio-acidente.

413. Auxílio-acidente e aposentadoria

Concomitância vedada do auxílio-acidente com a aposentadoria, incluídos os valores mensais do primeiro benefício no salário-de-benefício do segundo.

414. Segurados e dependentes

Independência dos benefícios de segurados em relação às prestações dos dependentes.

415. Aposentadoria e pensão

Circunstanciada por necessidade e aferida pela dependência econômica, direito de auferir benefício de segurado com o de dependente.

416. Multiplicidade de pensões

Demonstrada a necessidade da pensão por morte, mensurada a partir da dependência econômica, percepção de mais do que um desses benefícios de dependentes.

417. Auxílio-reclusão e salário

Exclusão do direito ao benefício previdenciário em face da remuneração laboral.

418. Benefício e auxílio-reclusão

Caracterizada a dependência econômica, subsistência do direito a benefício de segurado juntamente com o auxílio-reclusão de dependente.

419. Seguro-desemprego

Impedimento do recebimento do seguro-desemprego com salários ou prestações previdenciárias substituidoras.

420. Importâncias reparadoras

Reparação do dano material ou moral previdenciário independente de outras indenizações ou direitos securitários.

421. Regra dos servidores

Comandos gerais para os servidores, iguais aos dos trabalhadores e especificados à sua condição com a distinção de algumas profissões constantes da lei.

Capítulo XVII   REAJUSTAMENTO DAS MENSALIDADES

Subsistente índice inflacionário considerável definido em norma legal, periodicamente mensalidades das prestações de pagamento continuado atualizadas monetariamente, com indexador admitindo o reconhecimento da existência de índices pessoais de inflação, regionais e nacional, adotando-se percentual geral para todos os beneficiários e outros para os idosos, para esse fim definidos na lei.

422. Periodicidade da recomposição

Periodicidade do reajustamento previamente estabelecida na lei, estabelecidas as datas-base conforme o índice anual da inflação.

423. Indexador geral

Indexador adequado estatisticamente à hipótese, capaz de recompor a perda do poder aquisitivo dos beneficiários inalterável ao longo do tempo.

424. Transparência do indexador

Índices apurados por organismo oficial, explicitados publicamente os critérios de apuração.

425. Índice unificado

Indexador principal universal para a correção de valores monetários (I), fundiários (II), laborais (III) e previdenciários (IV), entre estes últimos, os de custeio (V) e de benefícios (VI).

426. Pecúlio periódico

Periodicamente pago pecúlio correspondente à perda havida no interregno dos dois reajustamentos.

427. Percentual parcial

Benefícios concedidos nos meses entremeados nas datas-base com atualização monetária proporcional à data do deferimento.

428. Adoção do IGP3i

Reajustamento das prestações dos idosos observados critérios distintos adequados a sua perda especial.

429. Perdas pretéritas

Resgate de perdas havidas sempre que os recursos do sistema tornarem isso possível.

430. Paridade absoluta

Inexistência de paridade absoluta entre a retribuição do trabalhador ativo e o jubilado, admitido que o inativo não se confunde juridicamente com o ativo.

431. Melhores meses

Rejeição de técnicas que impliquem em melhores e piores meses para a aposentação.

432. Vínculo com o teto

Limite do salário-de-benefício aferido independentemente do teto do salário-de-contribuição.

433. Atualização do mínimo

Piso mínimo previdenciário reajustado conforme o indexador principal, com previsão constitucional garantidora desse direito.

434. Substitutividade da remuneração

Reajustamento das mensalidades previdenciárias, inconfundível com a política de recomposição das perdas laborais havidas pelos trabalhadores ativos.

Capítulo XVIII   SERVIÇOS SOCIAIS

Atendimentos pessoais devidos aos beneficiários em serviços (I), atenções instrumentalizadoras do acesso aos benefícios (II), providências facilitadoras da vida dos segurados (III) e seus dependentes (IV), efetivadas mediante ações preventivas (V), curativas (VI) e tratamentos intensivos nos casos de incapacidade (VII) e que também possibilitam a habilitação às prestações (VIII) e à interposição de recursos mediante orientação técnica (IX) e informações práticas (X), oferecidos os serviços como dever de gestor e cuidados, um direito dos usuários.

435. Serviço social

Esforço administrativo visando ao bem-estar dos beneficiários, compreendendo assistência técnica (I) e jurídica (II), ajuda material (III), intercâmbio com associações (IV), sindicatos (V), cooperativas (VI), entidades controladoras do exercício profissional (VII), terceiros (VIII), por intermédio de convênios, acordos ou contratos, pesquisa social, além de apoio psicológico dos percipientes dos benefícios (IX).

436. Reabilitação e readaptação

Reabilitação e readaptação profissionais definidos como procedimentos postos à disposição dos segurados inaptos para o trabalho por motivo de doença (I) ou acidente do trabalho (II) e também para os portadores de deficiência física obstando ou impossibilitando a realização do trabalho (III).

437. Assistência aos beneficiários

Preservação dos direitos dos segurados e dos dependentes carentes de ilustração e de acompanhamento social para exercitá-los, ministrada por assistentes sociais.

438. Atendimento judiciário

Orientação jurídica dos beneficiários a respeito dos seus direitos subjetivos, compreendendo entrega de prospectos (I), textos de lei (II), explicações relativas aos requisitos legais (III), critérios de cálculo (IV) e outras informações úteis de seu interesse (V).

439. Tratamento médico

Submissão dos segurados acometidos por incapacidade para o trabalho, ocupacional ou não, a tratamento, exceto o cirúrgico, visando à recuperação de sua higidez corporal e à cessação do benefício.

440. Esclarecimentos a beneficiários

Segurados e dependentes orientados por postos de atendimento propiciando-lhes toda ordem de informações necessárias à compreensão e exercício dos direitos, inclusive quanto ao cálculo e ao valor dos benefícios.

441. Tutela e curatela

Colaboração do setor de assistência social do gestor no encaminhamento judicial dos pedidos de tutela e curatela para fins de percepção de benefícios.

Capítulo XIX   ACIDENTE DO TRABALHO

Distinção didática necessária respeitante à proteção das vítimas do acidente típico (I), doença do trabalho (II), doença profissional (III), eventos de qualquer natureza ou causa (IV) e incapacidades comuns (V).

442. Abrangência doutrinária

Ocorrências na empresa a serviço do empregador e as *in itinere* mesmo amorais, cobertas também as supervenientes à margem do contrato de trabalho.

443. Contribuição específica

Fixação dos percentuais da contribuição das empresas conforme variados graus de risco (I), tipo de atividade empresarial (II), experiência de risco (III) e prevenção de sinistros (IV), conforme relação de atividades elaborada pelo governo federal.

444. Determinação das alíquotas

Especificação clara das alíquotas de contribuição na norma legal levando em conta a preponderância de segurados definida a partir de cada estabelecimento da empresa.

445. Revisão por empresa

Estimulado o investimento na higiene, medicina e segurança do trabalho, contribuição variando conforme o grau de risco (I), o número de acidentes em certo período básico de cálculo (II), sua gravidade (III) e custo operacional (IV), comparados com o mapeamento de sinistros, tabulado pelo gestor e variando conforme as regras da flexibilização do seguro de acidentes do trabalho.

446. Dispensa da carência

Prestações acidentárias sem período de carência, imposta a filiação e presumida ou facilitada a prova da inscrição.

447. Nexo epidemiológico

Perícia médica, sob presunção *juris tantum*, define a causa da incapacidade ocupacional ou comum.

448. Contraprova do nexo

Possibilidade de ampla defesa e do contraditório para impugnação do nexo epidemiológico.

449. Prevenção infortunística

Adoção, acompanhamento e auditoria de extensos programas de prevenção acidentária nas empresas.

450. Comunicação do acidente

Comunicação do infortúnio laboral e a multa na inadimplência, ainda que definido o nexo epidemiológico pelo gestor.

451. Auxílio-acidente

Presente seqüela na data da cessação do auxílio-doença ou da aposentadoria por invalidez, estipulado o grau da diminuição da capacidade para o trabalho consoante quatro ou cinco níveis correspondentes aos percentuais do salário-de-benefício do segurado, periodicamente, submissão do segurado à perícia médica para verificar o seu grau de incapacidade e, em cada caso, diminuindo, mantendo-se, aumentando-se ou extinguindo-se o nível das mensalidades e sobrevir concessão de aposentadoria, ao seu salário-de-contribuição, incorpora-se o valor mensal do auxílio-acidente.

452. Prestações por incapacidade

Manutenção do auxílio-doença e da aposentadoria por invalidez, decorrentes de acidentes e, em relação aos dependentes, a pensão por morte.

453. Acréscimo na aposentadoria

Acréscimo da aposentadoria por invalidez comum agregado à aposentadoria acidentária enquanto necessário.

454. Pensão por morte

Benefício correspondente à totalidade da aposentadoria por invalidez a que o segurado faria jus na data da ocorrência da fatalidade.

455. Pecúlio para dependentes

Pecúlio para os dependentes do falecido.

456. Indenização civil

Caracterizada a culpa do empregador, especificada claramente na lei, com definição dos valores da indenização civil sem a interferência da previdência social.

457. Seguro obrigatório

Acidentes automotivos ou de embarcações integrados na previdência social.

458. Ação regressiva

Presumida a contribuição específica bastante para cobrir os custos das prestações sem haver ação regressiva mesmo decantada a culpa do empregador.

Capítulo XX   CONTAGEM RECÍPROCA

Insubsistente a verdadeira universalidade de cobertura empreendida por único regime nacional e prevalecendo multiplicidade de regimes próprios, a migração dos trabalhadores de um para outro desses regimes implica na existência de regras da contagem recíproca.

459. Significado técnico

Contagem recíproca definida como a soma dos tempos de filiação prestados a um ou mais regimes, operada pelo devedor da prestação.

460. Tempos computados

Considerado o tempo de serviço (I), de contribuição (II) e de fruição de benefícios (III).

461. Indenização do tempo

Inexistente obrigatoriedade de contribuição quando da filiação do trabalhador rural, tempo computado sem indenização, exceto para o cumprimento do período de carência.

462. Fatiamento do tempo

Fracionamento do tempo de contribuição durante a vigência da relação jurídica ou após o seu encerramento.

463. Período de carência

Tempo de serviço de um regime emissor da certidão válido para complementar o período de carência do regime receptor.

464. Salário-de-contribuição

Bases de cálculo da contribuição vertidas num regime e adotadas noutro regime para apuração da renda inicial.

465. Acerto de contas

Ajuste de contribuições periodicamente promovido conforme os critérios de lei federal.

466. Tempo especial

Tempo de serviço especial convertido num regime emissor da certidão, aceito como tal no regime receptor.

467. Exigência de reciprocidade

Lei federal impõe a reciprocidade a todos os regimes próprios, de sorte que mesmo inexistente lei local, diante do desembolso unilateral, a contagem recíproca produz os seus efeitos.

468. Consumição do tempo

Excetuado na desaposentação, o tempo consumido como requisito de uma prestação não mais vale em outra prestação.

469. Solidariedade entre regimes

Inexistência de solidariedade entre os regimes próprios diante da contagem recíproca e do acerto de contas.

470. Devedor da obrigação

Regime receptor do tempo de serviço e das contribuições correspondentes ao acerto de contas obrigado a deferir a prestação.

471. Regime especial

Admitido o segurado do regime especial no regime geral e após o acerto de contas, o tempo de serviço computado via contagem recíproca.

472. Contagem e desaposentação

Distinção operacional entre os procedimentos da contagem recíproca de cômputo de tempo de serviço e absorção de contribuições e sem desistência a benefício e os mecanismos da desaposentação que impliquem em renúncia da aposentação e nova aposentação.

Capítulo XXI NEXO EPIDEMIOLÓGICO

Declaração da existência de relação lógica entre o ambiente de trabalho e a incapacidade laboral do trabalhador ou servidor, implica em responsabilidades práticas e jurídicas para os três pólos da relação, atribuída à perícia médica do gestor da previdência social.

473. Noção de epidemiologia

Existência de elo lógico entre o ambiente do trabalho e a inaptidão, mecanismo em que o mapeamento de sinistros sopesa as ocorrências estatisticamente como epidemia, superveniência de enfermidades atribuídas a uma mesma causa.

474. Infortúnio natural

Ocorrência, geralmente traumatizante, previsível ou imprevisível, que causa danos à integridade física da pessoa humana.

475. Acidente do trabalho

Descrito na lei básica, restando excluídos de sua abrangência o acidente de qualquer natureza ou causa (I), incapacidades do trabalho inferiores a quinze dias (II), moléstias comuns (III) e outras mais (IV).

476. Doenças comuns

Doenças hereditárias (I), degenerativas (II), endêmicas (III), etárias (IV) ou pregressas (V) sem fazer parte do conceito de doença ocupacional em relação à empresa em que o trabalhador presta serviços.

477. Qualquer natureza

Infortúnio traumatizante ocorrido fora do contrato de trabalho.

478. Nexo causal

Nexo epidemiológico distinto do nexo causal em razão de que um certo ambiente laboral nocivo sempre produz determinada morbidez e no nexo causal essa presunção relativa não existia, obrigado o segurado a produzir a prova do alegado acidente do trabalho.

479. Poder da administração

Autorizado pela lei, o gestor desfruta do poder de definir a motivação da incapacidade do requerente de benefício até prova em contrário, como doença ocupacional.

480. Desnecessidade de ciência

Falha da empresa em dar publicidade ao acidente do trabalho sem obstar a definição do nexo epidemiológico.

481. Meios de comunicação

Conhecimento do nexo epidemiológico operacionalizado pela *internet* e, por escrito, mediante ciência oficial.

482. Presunção relativa

Decantação do nexo beneficiada pela presunção legal relativa de haver uma incapacidade ocupacional.

483. Perícia médica

Presente dúvida científica, perícia médica empenhada numa anamnese capaz de determinar se a causa da moléstia alegada tem origem laboral ou não e, caso necessário, com visita *in loco* ao ambiente laboral, requisição de diligências ou exames laboratoriais complementares.

484. Onus probandi

Desobrigado o segurado de evidenciar a causalidade, se a empresa discorda da afirmação do nexo terá de produzir a demonstração contrária.

485. Meios de prova

Instrumentos persuasórios administrativos e judiciais à disposição da empresa, compreendendo exames admissionais (I), demissionais (II) e seqüenciais (III); prontuários médicos do trabalhador (IV); mapeamento de sinistros (V); atas da comissão interna de prevenção de acidentes (VI); ausência de ações trabalhistas (VII); perícias externas (VIII); investigação pessoal e social do trabalhador não contrária à ética (IX); etc.

486. Doenças ocupacionais

Entendidas como a doença profissional (I) e a doença do trabalho (II), incluindo o acidente típico (III), inspirada na redução do seguro de acidentes do trabalho operada pelo fator acidentário de prevenção ou por reenquadramento operado ministerialmente.

487. Contestação empresarial

Contestação da empresa no prazo legal encetada com a apresentação das contraprovas admitidas em Direito.

488. Elisão da responsabilidade

Elisão da responsabilidade, à evidência de todos os programas de prevenção de acidentes do trabalho (I), controle das doenças ocupacionais (II) e dos cuidados recomendados pelas Normas Regulamentadoras do Trabalho (III), superveniente se a empresa institui rotina interna garantidora das provas obstativas da ocorrência de doenças ocupacionais.

489. Conseqüências jurídicas

Definido o nexo epidemiológico com desdobramentos civis de indenização (I), fundo de garantia (II), estabilidade trabalhista (III) e previdenciária (IV), como prestações acidentárias (V), fator acidentário de prevenção (VI), etc.

490. Repercussão no fator

Nexo estabelecido correspondente a acidente do trabalho gerador de implicações na freqüência (I), gravidade (II) e custo (III) da determinação do fator previdenciário de prevenção.

491. Deontologia médica

Cuidado moral tomado pelas empresas, observada a proteção constitucional ao direito de personalidade (I), privacidade pessoal (II), sigilo médico (III), etc.

492. Justiça competente

Subsistindo conflito entre a empresa e o INSS, à Justiça Federal compete a solução do dissídio.

Capítulo XXII — MEIOS DE PROVA

Demonstração dos requisitos legais configuradores do direito a prestação securitária acolhe a produção de todos os meios de prova admitidos no Direito e quem tem o dever de apreciá-los sopesa a valoração em si mesma de cada um deles.

493. Conceito de prova

Entendida como demonstração de fato mediante instrumentos materiais ou não, albergados pelo Direito.

494. Contraprova

Alegado por um pólo da relação jurídica, substantiva ou adjetiva, pólo oponente com o direito de provar o contrário sem que o seu silêncio necessariamente signifique concordância.

495. Momento da produção

Apresentação dos documentos que corporificam o direito perante o devedor da obrigação, admitida a juntada aos autos a destempo no procedimento administrativo, como momento ideal.

496. Presunções válidas

Dispensa da necessidade de persuasão quando de fatos presumidos pela lei ou pela lógica, em cada caso conforme disciplinado ou possível.

497. Presunção da higidez

Presumida a responsabilidade de o empregador fornecer documento declaratório da higidez plena por ocasião da admissão, se o trabalhador posteriormente foi acometido por doença ocupacional.

498. Depoimento testemunhal

Declarações testemunhais levadas em conta, principalmente sopesadas as circunstâncias em que ocorreram os fatos probandos, restando configurados quando acompanhadas de início razoável de prova material.

499. Conclusão pericial

Prova pericial juntada aos autos do processo, elaborada por peritos habilitados, fundamentam o livre convencimento do magistrado.

500. Materialidade da demonstração

Acolhido qualquer material como substrato físico de prova: escritura (I), pintura (II), xilogravura (III), pirogravura (IV), xerox autenticada (V), filme (VI), gravação sonora (VII), etc.

501. Eficácia do documento

Papéis assinados ou não, notavelmente antigos, especialmente emitidos na época dos fatos, reconhecidos como meios de convicção.

502. Prova emprestada

Persuasões provindas de processos alheios detêm igual validade daqueles contidos no processo principal.

503. Confissão do autor

Depoimento do próprio interessado, conforme a natureza do declarado, avaliado como convincente meio de convencimento.

504. Apuração técnica

Documentoscopia e análise grafotécnica acolhidas como prova material.

505. Perícia judicial

Exame promovido pelo próprio magistrado *in loco* tem poder de convencimento.

506. Convicção exaustiva

Provas exaustivas elencadas na lei dispensam reforço persuasório.

507. Início do convencimento

Começo de prova, isoladamente sem capacidade de convencimento, adquire poder de persuasão quando somado a vários deles.

508. Âmbito da produção

Administrativa, aquela promovida perante o gestor e o judicial; a prova realizada nos autos de um processo.

509. Dispensa probatória

Fatos de domínio público dispensam convencimento.

510. Validade da acareação

Presentes dois ou mais depoimentos testemunhais, quando julgada necessária à elucidação, a acareação suscita valor probante.

511. Elementos de terceiros

Meios de terceiros, ainda que não interessados na lide, propiciam esclarecimentos válidos da verdade.

512. Capacidade de convencimento

Meio persuasório detém mais ou menos poder de convencimento.

513. Justificação administrativa

Reconhecida pelo gestor, promovida a qualquer tempo, até mesmo antes da ação principal, sem quaisquer constrangimentos a esse direito de defesa.

514. Justificação judicial

Promovida perante a Justiça Federal, na Vara Previdenciária ou no Juizado Especial, a suficiente para o convencimento.

515. Justiça do Trabalho

Ausente início razoável, submetida do livre convencimento do juiz tem validade a prova feita na Justiça do Trabalho.

516. Verificação in loco

Inspeções sucedidas nos locais em que se depositam as provas, detêm capacidade de convencimento superior a retratos desses mesmos ambientes.

517. Diligência fiscal

Diligência fiscal atendida por pessoa despreparada funcionalmente ou inabilitada para isso, examinada pelo emissor do documento, presta-se como prova.

518. Obtenção ilícita

Prova ilícita sem valor, mas prova lícita indevidamente obtida, sem embargo das sanções do agente probante, com poder de persuasão.

519. Ambiente rural

Depoimento testemunhal valoriza a certeza da existência do trabalho rural em detrimento da convicção documental em face da natureza atípica do esforço rurícola.

520. Trabalho doméstico

Julgador da veracidade, sensibilizado com fragilidade da prova do trabalho doméstico, como sucede no âmbito rural.

Capítulo XXIII   REGIME PRÓPRIO

Previdência social empreendida mediante regime nacional para os servidores civis e militares ou para parlamentares, gerido local ou regionalmente se isso se revelar melhor, com cotizações e prestações idênticas às do regime geral, desiderato almejado até ocorrer a universalização dos regimes dos entes federativos.

521. Conceito próprio

Sistema previdenciário dos servidores estatutários, com exclusão dos celetistas, filiados ao regime geral.

522. Conceito legal

Mediante contribuição pessoal e estatal, regime que assegure aposentadorias e pensão para os servidores.

523. Natureza contributiva

Exação obrigatória, contributiva e retributiva.

524. Essência solidária

Solidariedade presente no bojo do regime próprio — máxime para as prestações imprevisíveis —, e ausente numa multiplicidade dos regimes em face do acerto de contas da contagem recíproca.

525. Amplitude nacional

Abrangência total: parlamentares, servidores civis e militares federal, estaduais, distritais e municipais.

526. Agentes políticos

Ocupantes de cargos monocráticos eletivos (prefeitos, governadores e presidente da república) sob regime excepcional.

527. Nível de proteção

Três segmentos: básico — até certo patamar com filiação obrigatória; intermediário — com complementação obrigatória estatal; ou particular e superior — complementação ou suplementação facultativa particular.

528. Tipos de cobertura

Plano misto de benefícios: de capitalização e repartição e de contribuição e benefício definido.

529. Regimes financeiros

Capitalização para as prestações programadas e repartição simples para as prestações de risco imprevisível.

530. Modalidades de planos

Contribuição definida para as prestações previsíveis e de benefício definido para as programadas.

531. Filiações dos segmentos

Patamares historicamente estabelecidos conforme a capacidade de empreendimento dos governos e do particular, em conformidade com o regime geral.

532. Status *do jubilado*

Deferida a aposentação, a pessoa protegida juridicamente se torna aposentada e perde a condição de ativo em relação á condição de estatutária.

533. Estado do aposentado

Pessoa jubilada pelo regime geral que ingressa no serviço assume a dupla condição de aposentada e de servidora ativa.

534. Início da filiação

Mensurada a contar da posse no cargo efetivo ou interino.

535. Segurado facultativo

Manutenção do estado de filiado, com suas conseqüências, para o servidor exonerado ou emitido que opte por recolher sua quota e a quota estatal.

536. Cargos provisórios

Ocupantes de cargos temporários em comissão ou de confiança filiados ao regime geral.

537. Fonte da contribuição

Recursos econômicos ou financeiros provindos do governo e do servidor.

538. Cotizações extraordinárias

Lei delegada regra fontes de custeio da sociedade local para suprir eventuais deficiências.

539. Base de cálculo

Salário-de-contribuição composto pelas parcelas devidas, creditadas ou auferidas, sem importar sua natureza laboral.

540. Desconto pessoal

Retenção conforme o nível dos vencimentos, atendido o princípio da distributividade de custeio.

541. Alíquota estatal

Perfilhando o regime geral, o governo aporta o dobro da contribuição do servidor.

542. Participação dos inativos

Ausência de contribuição dos inativos ou pensionistas em função da renda mensal cifrada no líquido.

543. Rol das prestações

Regra universal: incapacidade para o trabalho provisória (I) ou definitiva (II), aposentadoria especial (III), por idade (IV), por tempo de contribuição (V), pensão por morte (VI) e auxílio-reclusão (VII).

544. Multiplicidade filiativa

Salários-de-contribuição do exercente de duas ou mais atividades válidas no setor público contidas no período básico de cálculo, mensalmente considerados para a aferição da renda inicial.

545. Limite de valor

Lei delegada estabelece limite histórico para o *quantum* dos benefícios incluindo as importâncias auferidas sujeitas à contribuição.

546. Renda mensal

Limitada a certo patamar, no máximo igual ao líquido auferido, definido o montante como o total dos vencimentos menos a contribuição.

547. Servidor e trabalhador

Servidor autorizado a exercer atividades simultâneas como trabalhador fazendo jus a duas prestações quando preenchidos os requisitos legais de ambos os trabalhos.

548. Vinculação do cedido

Definição do ente político responsável pela retenção das contribuições e deferimento dos benefícios.

549. Estatutário requisitado

Requisitado com ônus para o ente federativo, requisitante tem os benefícios do regime protetivo correspondente e, na ausência desses encargos, prestações devidas pelo regime requisitado.

550. Volta ao trabalho

Permitida a volta ao serviço que interesse ao governo sem fazer jus a qualquer novo benefício.

551. Atividade especial

Benefício diferenciado para o servidor que presta serviços perigosos, penosos ou insalubres com aplicação subsidiária das regras do regime geral.

552. Aposentação compulsória

Observado regime geral, benefício regido por lei delegada, variando conforme a idade (I), a função (II) e a capacidade para o trabalho (III), com ênfase para os magistrados, professores e demais profissionais liberais.

553. Acumulação de benefícios

Prestações de pagamento continuado sem a percepção simultânea para o servidor submetido a mais de uma filiação, observado o limite fixado na norma jurídica para os proventos.

554. Reajustamento das mensalidades

Benefício reajustado em face da filiação pelo mesmo indexador único do regime geral.

555. Professor público

Magistério público equiparado ao particular.

556. Contagem recíproca

Observada a reciprocidade e o acerto de contas, todos os regimes próprios admitem a portabilidade do tempo de serviço.

557. Acerto de contas

Lei delegada fixa as regras relativas à contagem recíproca.

558. Abono de permanência

Dispensa da contribuição como estímulo à prestação de serviços após o ente político decantar o direito ao benefício.

559. Reversão ao cargo

Volta ao ente federativo do aposentado.

560. Renda do aposentante

Adoção de período básico de cálculo encerrado no mês em que completados os requisitos legais.

561. Unicidade protetiva

Existência de um único regime protetivo num ente político.

562. Cargo efetivo

Condição de estatutário do servidor filiado ao regime próprio.

563. Quadro de carreira

Conjunto de cargos de um ente federativo.

564. Equilíbrio atuarial

Objetivo constitucional a ser tentado todo o tempo pelo administrador como postulado básico da gestão previdenciária.

565. Equilíbrio financeiro

Controle periódico das receitas e despesas em face dos compromissos assumidos.

566. Déficit e superávit

Regras de equacionamento das insuficiências e destino dos excessos do plano.

567. Taxa de administração

Definição legal do custo administrativo do gestor.

568. Data da instituição

Lei delegada fixa o primeiro dia do mês em que tem início o regime próprio.

569. Extinção da RPPS

Definição das regras regulamentadoras da extinção do plano de benefícios.

570. Retroação dos direitos

Impossibilidade constitucional de serem ofertados benefícios anteriores à criação do regime próprio.

571. Filiação do jubilado

Aposentado que volta ao trabalho filiado ao regime geral.

572. Vinculação do cedido

Definição do ente político responsável pela retenção das contribuições e deferimento dos benefícios.

573. Realização da receita

Empenho administrativo, controle ideal e busca concentrada para que seja realizada a receita.

574. Parcelamento de débito

Possibilidade de o ente federativo recolher as contribuições atrasadas juntamente com as atuais.

575. Aplicação dos recursos

Controle severo dos investimentos operados pelos regimes próprios.

576. Conseqüência da contribuição

Custeio eleito como determinante do benefício.

577. Cargo em comissão

Filiação ao regime geral, exceto em se tratando de servidor efetivo estatutário.

578. Cargo de confiança

Filiação ao regime geral.

579. Transferência da gestão

Possibilidade da gestão do plano ser cometida a terceiros.

580. Subsidiaridade dos regimes

Silente a legislação própria, aplicação subsidiária do regime geral, entre outros itens, sobre período de carência (I), qualidade de segurado (II), evento determinante (III), idade mínima (IV), regras de transição (V), direito adquirido (VI), defesa da prestação (VII), prescritibilidade das mensalidades (VIII), definitividade da concessão (IX), benefício compulsório (X), desaposentação (XI), impenhorabilidade (XII), inalienabilidade (XIII), volta ao trabalho (XIV), disponibilidade (XV), ingresso do incapaz (XVI), cancelamento de benefícios (XVII), conversão de tempo especial (XVIII), união estável (XIX), direito dos homossexuais (XX), concorrência entre dependentes (XXI), cobertura acidentária (XXII), proteção à maternidade (XXIII), garantia da custódia e da guarda (XXIV), salário-família (XXV), abono anual (XXVI), salário-de-benefício (XXVII), Fórmula 95 (XXVIII) e fator previdenciário (XXIX).

Capítulo XXIV   REGIME DOS INFORMAIS

Sociedade convivendo com parcela da população econômica ativa na informalidade, o governo federal empreende regime especial de inclusão dessa informalidade com regras próprias.

581. Natureza da cobertura

Proteção dos informais sem capacidade contributiva num regime especial de cobertura mínima sem viés assistenciário e a par de regime geral.

582. Objetivo do regime

Aproximação (I), educação (II) e aculturação futura do regime geral do trabalhador informal (III).

583. Fonte formal

Regência por lei delegada e decreto regulamentador em função de sua natureza simplificada.

584. Campanha de adesão

Inclusão das pessoas informalizadas estimulada por amplo programa nacional de divulgação na mídia.

585. Regras de superdireito

Comandos abrangendo o regime especial e o regime geral para viabilizar a migração da primeira para a outra técnica protetiva, sem olvidar a assistência social.

586. Clientela protegida

Exercentes de atividades não formalizados, percipientes de renda mensal até determinado patamar fixado em lei, entre os quais donas de casa (I), facultativos (II), desempregados (III), sem exclusão dos segurados especiais ou pequenos empresários (sic).

587. Filiação facultativa

Ausente obrigatoriedade no regime geral, filiação facultada a quem deseje participar dele.

588. Respeito à vontade

Ingresso (I) e afastamento (II) promovidos por vontade expressa do interessado e a partir de sua publicidade.

589. Inscrição simplificada

Aplicação do princípio administrativo da simplicidade, recolhimento das contribuições com base em documento de identidade, aperfeiçoáveis *a posteriori*.

590. Retroação da vontade

Abstraído o período de carência, a qualquer momento o segurado retroage á data do início das contribuições.

591. Acordo de parcelamento

Parcelamento simplificado de contribuições à disposição do interessado.

592. Contabilização apartada

Contribuições apropriadas apartadas dos segurados do regime geral.

593. Fato gerador

Vontade de ingressar no regime.

594. Alíquota da contribuição

Taxa única tabelada capaz de atrair os interessados e atuarial, matematicamente capaz de custear as prestações mínimas.

595. Base de cálculo

Medida do fato gerador correspondente ao salário mínimo previdenciário.

596. Décimo terceiro

Inexistência da décima terceira contribuição e do abono anual.

597. Aportes atrasados

Cotizações recolhidas com juros permissivos.

598. Ingresso do incapaz

Benefícios por incapacidade deferidos quando a data do início da incapacidade sobreveio após o período de carência da prestação ou no caso de agravamento.

599. Possibilidade de migração

Ingresso do segurado no regime geral, retroagida a migração e recolhida a diferença das contribuições antes vertidas ao regime especial.

600. Período de carência

Benefícios imprevisíveis com exigência de doze contribuições mensais e os previsíveis, de cento e oitenta contribuições mensais.

601. Acidente do trabalho

Prestações infortunísticas sem carência.

602. Nível das prestações

Prestações tabeladas no salário mínimo previdenciário.

603. Prestações imprevisíveis

Auxílio-doença e aposentadoria por invalidez para os segurados e pensão por morte e auxílio-reclusão para os dependentes.

604. Benefícios programados

Aposentadoria por idade nos mesmos termos do regime geral.

605. Acumulação de mensalidades

Regras de percepção simultânea iguais às do regime geral.

606. Volta ao serviço

Aposentadoria por idade permite a volta ao trabalho.

607. Aposentadoria compulsória

Inexistência de benefício compulsório por idade.

608. Contagem recíproca

Computado o tempo de serviço do regime especial para os fins da contagem recíproca, o segurado arca com a diferença das contribuições pretéritas.

609. Renúncia e aposentação

Percipiente de benefício ou aposentado renuncia à prestação no regime especial para se jubilar no regime geral ou próprio.

610. Subsidiariedade normativa

Regime geral com regras subsidiariamente válidas para o regime especial.

611. Regras de interpretação

Exegese de dúvidas sob hermenêutica extensiva favorável ao contribuinte.

Capítulo XXV   DIREITO ADMINISTRATIVO

Preceitos próprios organizacionais da previdência social básica e complementar obrigatórios respeitantes ao gestor da inscrição (I), recipiente dos recursos financeiros (II), realizadora da receita e quitadora dos benefícios (III), sujeitos passivos da obrigação (IV), entidade de direito público com capacidade exacional para exigir cotizações de entidades físicas e jurídicas (V).

612. Gestor público

Previdência social entregue à iniciativa privada sob a supervisão do governo federal, estadual, distrital ou municipal, na forma de fundação de direito público, administrada por colegiado composto de representantes dos governos (I), órgãos classistas (II), trabalhadores (III), aposentados e pensionistas (IV), de abrangência nacional e local, com exclusividade, supervisionando a concessão dos benefícios.

613. Empreendedor privado

Previdência social complementar empreendida por entidades (I), associações civis (II), sociedades anônimas (III) ou fundações de direito privado (IV), constituídas nos termos da lei para esse fim e sujeitas ao controle de agência reguladora nacional, passíveis de fiscalização, intervenção e liquidação extrajudicial e judicial.

614. Agência reguladora

Incumbências da regulação (I), do acompanhamento (II), da fiscalização (III), da intervenção (IV) e da liquidação extrajudicial (V) cometidas à agência nacional com amplo poder supervisor.

615. Administradores profissionais

Gerentes conhecedores do ramo jurídico e da técnica protetiva indicados pelos governos e órgãos classistas e eleitos pelos trabalhadores ativos e inativos.

616. Tribunal de Contas

Administração do gestor sujeita à fiscalização de órgão federal, com competência para apreciar a toda demonstração de débitos e créditos.

617. Orçamento próprio

Recursos pertencentes aos trabalhadores ativos (I) e inativos (II), e seus dependentes (III), orçamento anual distinto da assistência social e das ações de saúde.

618. Controle financeiro

Fluxos de caixa, as necessidades de pagamento e orçamento das despesas, sujeitos à aprovação do colegiado administrador.

619. Dependência ministerial

Administrador vinculado aos governos, situada a assistência social e as ações de saúde em ministérios próprios.

620. Fiscalização federal

Fiscalização da receita previdenciária cometida ao governo federal, sob a supervisão da agência reguladora e do controle da fundação de direito público, com sindicatos e cooperativas colaborando com essa política, sem ser transferida à iniciativa privada, mas aproveitando a experiência desta nos procedimentos de cobrança.

621. Desburocratização do expediente

Procedimentos internos sistematizados com vistas à simplicidade e no pronto atendimento dos beneficiários.

622. Auditoria permanente

Gestor previdenciário submetido permanentemente a auditoria interna e externa realizada por empresas de reconhecida idoneidade profissional.

623. Cadastro do trabalhador

Promoção periódica do censo do trabalhador, com informações vitais estocadas em banco de dados a fim de viabilizar o acesso a elementos sobre a idade (I), o salário (II), o tempo de serviço (III), as condições de trabalho (IV) e a expectativa de vida (V).

624. Informatização administrativa

Recursos da tecnologia moderna amplamente adotados, dentre os quais a informática e a cibernética, tornando possível a prestação de serviços de pronto atendimento e orientação aos usuários.

625. Acesso à informação

Entidade de previdência complementar propicia os meios para os interessados tomarem conhecimento de sua situação, particularmente na hipótese do regime de capitalização.

626. Postulados administrativos

Direção ciente dos postulados de legalidade (I), impessoalidade (II), moralidade (III), celeridade (IV), publicidade (V) e outros mais.

627. Técnicas privatísticas

Tarefas compatíveis com a iniciativa privada tais como inscrição (I), instrução dos pedidos (II), habilitação e pagamento de benefícios com dedução do valor das guias (III), elaboração de carnês de recolhimento e de pagamento (IV), parcelamento (V) e outros procedimentos (VI), confiadas a terceiros.

628. Ouvidor geral

Ombudsman geral e regionais com capacidade de apreender (I), estudar (II), levantar (III) e encaminhar soluções de problemas de execução (IV), escolhidos após oitiva de órgãos classistas, centro de estudos, universidades e entidades de defesa dos beneficiários.

629. Agendamento eletrônico

Atendimento agendado previamente, admitido o agendamento pessoal (I), telefônico (II) e via *e-mail* (III) e garantida a data do início do benefício a contar da definição da data do agendamento.

630. Balcão de atendimento

Gestor preocupado com o melhor atendimento dos beneficiários, oferecendo-lhes condições dignas de recepção, observância dos privilégios de idosos, enfermos ou grávidas, e informações escritas quando se tratar de direitos em discussão.

631. Presença de advogados

Admissão de advogados com procuradores dos beneficiários em todas as agências do gestor, sem prejuízo do estabelecimento de uma agência específica às expensas das entidades desses profissionais.

632. Prazo concessório

Norma define claramente o prazo para a solução dos requerimentos, em particular a concessão ou negativa de benefícios, pedidos de revisão, com previsão de sanções no caso de inadimplência administrativa injustificada do gestor.

633. Interveniência complementar

Possibilidade do estabelecimento de convênio do gestor com o fundo de pensão, de modo que este último receba o benefício básico e o pague juntamente com a complementação devida, ao participante assistido.

634. Convênio com o gestor

Celebração de convênio do gestor com empresas privadas para solução de todas as pendências, inclusive o encaminhamento de pedidos de benefícios, facultado ao beneficiário o direito de tratar diretamente com a instituição.

635. Validade do procurador

Reconhecimento da procuração para fins gerais e específicos como se fora o próprio segurado.

Capítulo XXVI — CONTENCIOSO PROCEDIMENTAL

Composição dos conflitos de interesse entre gestor e beneficiários mediante expedientes específicos, assinaladamente administrativos e distintos dos encaminhamentos judiciais, com práticas procedimentais sem prejuízo das processuais reportadas ao Direito Previdenciário adjetivo e não à técnica protetiva ou à matéria substantiva, regido o andamento pela tipicidade devida, a distributividade (I), o ordenamento jurídico do País (II) e o controle dos atos praticados pelo gestor (III).

636. Órgãos judicantes

Norma define os órgãos de controle administrativo judicante, seus níveis (I), composição paritária (II), competência (III), efeitos (IV), tipos de impugnações (V) e prazos procedimentais (VI).

637. Tipicidade do encaminhamento

Procedimento com encaminhamento voltado para a relação jurídica de previdência social abrangendo matéria de filiação (I), inscrição (II), benefícios (III), serviços (IV), consultas (V), expedientes em espécie (VI), pedidos de reconsideração (VII), defesa prévia (VIII) e recurso ordinário (IX).

638. Cunho administrativo

Expediente assinaladamente intramuros, observados os princípios administrativos.

639. Gratuidade de atendimento

Encaminhamento gratuito e sem custas, com expedição de declarações sem ônus para os beneficiários.

640. Celeridade do encaminhamento

Pedidos de benefícios substituidores dos salários preferindo os demais, as prestações de risco imprevisível com prioridade sobre as de risco previsível.

641. Desburocratização interna

Administração gestora racionalizada, simplificada e marcadamente informal.

642. Simplicidade processual

Procedimento priorizando a simplificação e a celeridade, reduzindo os efeitos do princípio do conhecimento da lei e tornando factíveis os recursos.

643. Exigência de representação

Exercício do direito procedimental dispensando a representação, permitida qualquer ação ser iniciada e acompanhada pelo próprio interessado (I), por órgão classista (II) ou sindical (III).

644. Tipicidade do rito

Procedimento observa rito sumaríssimo administrativo.

645. Iniciativa do gestor

Lei define a iniciativa do gestor de conceder benefícios *sponte propria* — auxílio-doença, aposentadoria por invalidez, pensão por morte ou auxílio-reclusão — quando, por qualquer motivo, o beneficiário desconhecer seu direito ou não puder exercitá-lo.

646. Hipossuficiência postulatória

Incapacidade postulatória dos beneficiários pressuposta, dispensados do formalismo e da fundamentação do pedido.

647. Exaustão administrativa

Titular do direito sem obrigação de esgotar a via administrativa para intentar a ação judicial, devendo protocolar expediente exprimindo a pretensão e aguardar o resultado até certo prazo legal.

648. Valor de alçada

Matéria envolvendo pagamento de benefício ou inferior a certo valor com decisão definitiva em primeiro nível administrativo.

649. Princípio do contraditório

Matéria não contraditada acolhida pela parte obrigada a contestá-la e fora dos limites do cadastro do trabalhador, submetido o titular ao dever de demonstrar a existência da relação jurídica.

650. Princípios adjetivos

Princípios processuais adaptados ao procedimento administrativo previdenciário, em particular a busca da verdade material.

651. Submissão ao judiciário

Coisa julgada administrativa submissa à decisão do judiciário, sem o gestor recorrer judicialmente de decisão administrativa de última instância. Ação judicial com poder de suspender o procedimento administrativo, que permanece *sub judice* até o pronunciamento final do judiciário.

652. Invocação do processo

Processo judicial invocável quando compatíveis com o procedimento previdenciário.

653. Coisa julgada

Subsistente coisa julgada administrativa nos seus limites quando o procedimento cuidar de idêntica matéria (I), presentes os mesmos litigantes (II) e igual fundamento legal (III).

654. Efeito devolutivo

Procedimento administrativo submetido ao duplo grau de avaliação na administração e jurisdição do judiciário.

655. Efeito suspensivo

Inexistência de efeito suspensivo administrativo, prática prevalecente no processo judiciário, reformulada a norma legal para adequá-la à realidade nacional.

656. Perempção procedimental

Direito procedimental acolhendo a perempção com suas hipóteses definidas em lei.

657. Utilização do precatório

Inaplicabilidade do procedimento do precatório às prestações previdenciárias de natureza alimentar.

658. Mandado de segurança

Validade do mandado de segurança para proteger direito líquido e certo não amparado por *habeas corpus* ou *habeas data,* quando o responsável pela ilegalidade ou abuso de poder for autoridade pública ou agente de pessoa jurídica no exercício de atribuições do Poder Público.

659. Mandado de injunção

Mandado de injunção válido quando a falta de norma regulamentadora torne inviável o exercício dos direitos contemplados na Constituição.

660. Ação pública

Ação civil pública com preferência sobre as individuais e coletivas no caso de direito igual para todos.

661. Litisconsórcio ativo

Litisconsórcio admitido no procedimento administrativo.

662. Litispendência procedimental

Litispendência reconhecida quando repetida ação em curso.

663. Recurso obrigatório

Existência de recurso obrigatório por ocasião de decisão contrária ao gestor.

664. Vista dos autos

Assegurado o direito de vista do procedimento administrativo.

665. Pagamento de atrasados

Quitação de mensalidades atrasadas com celeridade.

666. Processo legal

Validade do devido processo legal no ambiente administrativo.

Capítulo XXVII QUESTÕES EXACIONAIS

Seguridade social financiada com recursos exacionais sem caráter tributário, provenientes do indivíduo protegido e da sociedade consumidora, mediante contribuições sociais instituídas por lei delegada.

667. Sistema exacional

Sistema exacional inconfundível com os tributos, composto de subsistema tributário e subsistema de intervenção no domínio econômico, cada uma das expropriações observando definições (I), características (II) e individualidades próprias (III).

668. Fontes codificadas

Fontes de financiamento codificadas, embutidas num código previdenciário de custeio, sistematizado e com regras de aplicação (I), integração (II) e interpretação (III) previamente definidas.

669. Lei delegada

Desnecessidade de lei complementar, bastando a lei delegada para disciplinar o financiamento fiscal.

670. Irretroatividade da lei

Impossibilidade de exigência fiscal retroagir à data da eficácia da norma criadora.

671. Anterioridade da exigibilidade

Anterioridade exacional configurada com a aplicação do princípio nonagesimal.

672. Contribuição social

Assegurada a independência (I), a propriedade (II), a titularidade (III) e a individualidade do patrimônio (IV), exigência construída doutrinariamente como contribuição de intervenção no domínio econômico.

673. Natureza da contribuição

Acolhimento da teoria doutrinária segundo a qual os aportes fiscais gerados pelas atividades dos trabalhadores constituam salários socialmente diferidos.

674. Lançamento do crédito

Imposição fiscal escrita ou virtual operada pelo sujeito ativo da obrigação exacional, observada a decadência e com caráter declaratório.

675. Normas exacionais

Regras normativas próprias consagrando os preceitos tributários universais comuns às exações.

676. Postulado nonagesimal

Criação ou majoração de contribuições após certo prazo mensurado da vigência ou da eficácia da norma inplantadora, aferido esse lapso de tempo do decreto quando o diploma legal exigir explicação (I), esmiuçamento (II) ou regulamentação (III).

677. Competência exacional

Governo como sujeito ativo do crédito previdenciário.

678. Capacidade contributiva

Alíquota maior para os percipientes de renda média ou superior e inversamente proporcional e menor para as de baixa renda.

679. Modalidades da quitação

Aceitação do pagamento em dinheiro (I), dação em pagamento (II) e acordo de parcelamento (III) como formas de desembolso do débito e, em caráter excepcional, prestação de serviços securitários (IV) ou valores *in natura* (V).

680. Solidariedade fiscal

Co-responsabilidade de pessoas jurídicas, claramente definida na lei delegada.

681. Benefício da ordem

Possibilidade do sujeito ativo do crédito fiscal escolher aquele fiscalmente mais idôneo, quando de dois obrigados.

682. Substituição tributária

Cominação legal atribuindo responsabilidade fiscal à terceira pessoa interessada na atividade econômica do originariamente obrigado.

683. Responsabilidade pessoal

Determinação do responsável fiscal na firma individual (I), sociedade limitada (II) e sociedade anônima (III), bem como nas entidades empresariais (IV) e para o contribuinte individual (V), eleitos os responsáveis por crimes (VI), infrações (VII) e ilicitudes contra organização da previdência social (VIII), com possibilidade de elisão da responsabilidade administrativa (IX), fiscal (X) e penal (XI).

684. Antecipação do recolhimento

Exigência de antecipação da contribuição, promovida em nome do principal obrigado, fixada alíquota de incidência sobre a base de cálculo compatível com o dever fiscal.

685. Cobrança do crédito

Exigibilidade adjetiva promovida pelo governo federal.

686. Denúncia de infração

Reconhecimento da confissão da infração por parte do contribuinte e do recolhimento prévio com redução da obrigação principal ou acessória.

687. Redução da multa

Estímulo para o pagamento da multa fiscal antes do vencimento.

688. Reincidência fiscal

Definição da reincidência na inadimplência.

689. Sucessão empresarial

Definição de cada um dos elementos decantadores da responsabilidade do sucessor, entre os quais: mesmo local (I), mesma atividade (II), razão social (III), antigos empregados (IV) mesmos sócios (V), etc.

690. Anistia de débitos

Proibição do perdão administrativo de dívidas fiscais, excetuado quando o custo operacional da cobrança superar o valor atualizado.

691. Isenção da contribuição

Inexistência de imunidade para quaisquer contribuintes, entre os quais as entidades beneficentes de assistência social ou outras instituições, fomentadas em suas necessidades pecuniárias por meios governamentais.

692. Dação em pagamento

Quitação de débitos mediante bens facilmente convertidos em pecúnia ou que possam ser utilizados na organização do gestor.

693. Interveniência do gestor

Participação na venda e compra de bens imóveis, oportunidade em que o gestor apreende valores da dívida fiscal.

694. Prazo da decadência

Decadência do crédito previdenciário especificada em doze anos.

695. Termo da prescrição

Prazo para cobrança do crédito constituído estabelecido em cinco anos.

696. Aporte facultativo

Regulamentação especial para a contribuição do segurado facultativo.

697. Compensação de aportes

Compensação de contribuições indevidas promovida em quaisquer itens da exigibilidade, consoante percentual máximo do recolhimento.

698. Restituição do indevido

Devolução do valor indevido com atualização monetária.

699. Prazo da restituição

Decadência da devolução das contribuições indevidas em igual prazo para a constituição do crédito.

700. Devolução de mensalidades

Valores próprios dos segurados devolvidos com correção monetária.

701. Aferição subsidiária

Atribuição cometida ao fisco para estimar a base de cálculo da contribuição a partir de elementos subsidiários, nos casos especificamente fixados na norma jurídica.

702. Construção civil

Apuração de mão-de-obra presente na obra de construção civil, indiretamente, a partir do tipo da edificação (I), área construída (II), insumos de engenharia (III) e nível de qualidade do acabamento (IV).

703. Fato gerador

Definição legal objetiva, clara e específica das hipóteses de incidência da contribuição, entre as quais: remuneração (I), vontade do segurado (II), renda bruta, receita e faturamento da empresa (III), acordo na justiça (IV), valor aferido (V), etc.

704. Base de cálculo

Montante monetário considerado para fins da incidência, variando da importância mínima até a máxima, limitada para as pessoas físicas e sem limite para as pessoas jurídicas, que se presta para a aplicação da alíquota e definição da contribuição.

705. Salário-de-contribuição

Mecanismos contributivos com duas espécies: segurados descontados (I) e contribuintes individuais (II), com a base de cálculo dos primeiros agregando todos os valores percebidos e a dos pessoalmente responsáveis, observando um salário-base compatível com um crescimento profissional presumido.

706. Contribuição mínima

Quantum mínimo previdenciário e sem limite de valor para períodos de labor inferiores às jornadas normais de trabalho ou incidência sobre renda bruta (I), receita (II) ou faturamento (III).

707. Limite da contribuição

Teto da cobertura protetiva da previdência social básica, periodicamente fixado segundo a fortaleza do sistema estatal.

708. Momento da decantação

Decantação do crédito previdenciário no mês de competência, definido como aquele em que ocorreu o trabalho ou a vontade do segurado, sem significar a data do pagamento da retribuição correspondente.

709. Salário-de-contribuição

Total mensal da remuneração devida ou paga ao trabalhador (I), expressada pelo segurado (II) ou aferida subsidiariamente (III).

710. Parcelas integrantes

Mantida a incidência específica sobre o auferido pelo trabalhador, inclusão da remuneração (I), exclusão da indenização (II) e do ressarcimento de despesas (III).

711. Parte patronal

Historicamente eleitos a renda bruta, a receita ou o faturamento como fatos geradores fiscalmente melhor apreendidos, substituição do percentual da folha de pagamento por alíquota que reproduza a mesma arrecadação e torne mais simples, rígido e eficiente o controle exacional.

712. Fração profissional

Exação nitidamente pessoal, observado limite do salário-de-contribuição.

713. Consulta fiscal

Instituto técnico de resposta à indagação dos contribuintes capazes de produzir efeitos fiscais definidos na legislação, consolidado e divulgado periodicamente.

714. Sigilo fiscal

Observância irrestrita das regras constitucionais eleitas garantidoras do sigilo fiscal.

715. Divulgação dos devedores

Publicidade dos nomes dos inadimplentes, conforme preceitos definidos previamente da dívida.

716. Regras interpretativas

Aplicação da exegese restritiva, aplicável principalmente nos casos de dúvidas.

717. Eqüidade e analogia

Regras definidoras da aplicação de eqüidade, similitude e analogia.

718. Fiscalização da receita

Arrecadação e fiscalização promovidas pelo governo federal sem descaracterização da previdência social.

719. Lançamento por homologação

Aceitação da disposição de contribuir do contribuinte sujeita a verificação *a posteriori*.

720. Confissão da dívida

Admissão da confissão da dívida como pressuposto da concessão do parcelamento, sem prejuízo de posterior discussão do mérito.

721. Direito de auditar

Limitado pelo excesso de exação, conceito penal a ser revisto, ampla possibilidade do gestor auditar as obrigações principais e acessórias dos contribuintes.

722. Excesso de exação

Definição clara do tipo criminal, de modo a ação fiscal ficar associada às notificações e autuações até extinção do crédito previdenciário.

723. Renda bruta

Todos os valores arrecadados para fins de definição da parte patronal da contribuição das empresas.

724. Receita social

Gênero fiscal que abarca o faturamento e outros resultados da empresa.

725. Noções de faturamento

Valor total mensal das notas fiscais emitidas.

726. Obrigação principal

Dever fiscal pecuniário relacionado com as exações devidas pelos contribuintes.

727. Obrigação acessória

Comportamento formal do contribuinte em matéria fiscal.

728. Outras receitas

Previsão de outras receitas como modalidade de contribuição da sociedade consumidora.

Capítulo XXVIII   PROCEDIMENTO FISCAL

Lei delegada disciplina a constituição e a exigência do crédito securitário no âmbito do contencioso administrativo fiscal.

729. Conceito e definição

Solução interna que visa à composição dos dissídios entre os contribuintes e o gestor em matéria de financiamento da seguridade social.

730. Pólos da relação

Fundação gestora da previdência social e contribuintes pessoas físicas ou jurídicas.

731. Processo legal

Observância irrestrita do devido processo legal (I), igualdade das partes (II), gratuidade (III), celeridade (IV), imparcialidade dos julgadores (V) e impulso oficial (VI).

732. Busca da verdade

Verdade material como primeiro e último escopo do procedimento fiscal, autorizada a juntada de provas materiais, memoriais e pareceres jurídicos fundamentados ao longo do trâmite administrativo.

733. Dependência do judiciário

Decisão administrativa submissa à primazia do judiciário com sobrestamento dos autos em face da pendência judicial no mesmo sentido.

734. Impulsionador dos feitos

Encaminhamento do expediente atribuído ao gestor.

735. Economia processual

Utilização de instrumentos solucionadores dos conflitos com brevidade do procedimento: menor tempo e menor custo para os pólos da relação.

736. Simplificação operacional

Institutos adjetivos internos caracterizados pela singeleza procedimental.

737. Gratuidade cartorial

Inexistência de custas ou sucumbência.

738. Subsidiaridade do processo

Remissão, quando cabível, aos diferentes ramos processuais civis, penais, trabalhistas e tributários.

739. Organismos decisórios

Três níveis de decisão: Auditor-Fiscal (I), Conselho de Contribuintes (II) e Câmara Superior de Recursos Fiscais (III).

740. Competência dos julgadores

Exclusivamente em matéria de contribuições securitárias e sem atribuição para as prestações.

741. Distribuição dos feitos

Promoção da escolha aleatória por mecanismo aleatório eletrônico.

742. Tratamento prioritário

Processos que tratem de crimes securitários, valor fixado previamente, possibilidade de perecimento comercial do sujeito passivo, com preferência sobre os demais.

743. Nulidade dos atos

Reconhecida quando de atos contrários à norma jurídica e que tornem impossível o encaminhamento do procedimento, como os praticados por pessoa incompetente.

744. Tipo de impugnações

Existência de recurso ordinário ou especial (I), recurso de ofício ou voluntário (II), recurso extraordinário (III), embargos declaratórios (IV), contra-razões (V) e agravo de despacho (VI).

745. Recurso voluntário

Impugnação inicial escrita do contribuinte notificado para cumprir exigência fiscal.

746. Recurso especial

Inconformidade do sujeito passivo da ação fiscal em relação à decisão contrária havida após o recurso ordinário.

747. Contra-razões

Apresentação de fundamentos e provas do pólo vencedor contra as razões do pólo perdedor, recorrente no prazo de trinta dias.

748. Pedido de Revisão

Reclamação contra decisão superior que contrarie a essência da norma jurídica.

749. Uniformização da Jurisprudência

Reexame da decisão de última instância interna operada com base no conflito de decisões administrativas.

750. Agravo de despacho

Impugnação de decisão interlocutória.

751. Embargos declaratórios

Solicitação de esclarecimentos relativos ao texto do acórdão decisório.

752. Despachos interlocutórios

Cotas, despachos e manifestações nos autos do expediente administrativo.

753. Desistência do recurso

Ato da parte interessada que abdica da contestação.

754. Recurso de ofício

Impugnação obrigatória do gestor definida em lei.

755. Efeitos adjetivos

Excetuado nos casos de alçada, presença permanente do efeito devolutivo e, se cabível, do efeito suspensivo.

756. Litisconsórcio de autores

Existência de mais de um contribuinte interessado na mesma lide.

757. Sessão de julgamento

Definida como distribuição, apresentação, relatório e discussão, ao final dos votos, decisão colegiada em julgamento público.

758. Juízo de admissibilidade

Constatação dos pressupostos administrativos exigidos dos recursos, como legitimidade de parte (I), tempestividade (II), oportunidade (III), representatividade (IV), competência (V) e outros mais.

759. Exame de mérito

Estudo do conteúdo da ação fiscal à luz da norma vigente (I), das provas (II) e dos fundamentos jurídicos apresentados (III).

760. Vista dos autos

Direito do contribuinte de examinar os autos, bem como de receber cópia dos documentos ali contidos.

761. Anexação e apensação

Possibilidade de autos serem anexados em virtude da conexão de assuntos e de serem apensados documentos ausentes quando do recurso ordinário.

762. Valor de alçada

Montante pecuniário da exação que impeça o efeito devolutivo após decisão da instância inferior.

763. Prazos recursais

Termos compatíveis com a ação fiscal e que tornem possíveis a ampla defesa e o contraditório.

764. Provas do alegado

Ônus atribuído ao contribuinte nas impugnações.

765. Ampla defesa

Observância irrestrita do princípio constitucional.

766. Perícia in loco

Verificação no local de trabalho para apuração de fato definidor da obrigação fiscal.

767. Possibilidade do contraditório

Acolhimento da confrontação de pontos de vista e provas contrárias à ação fiscal.

768. Questões prejudiciais

Constatação da presença de questões prejudiciais, tais como suspeição (I), impedimento (II), litispendência (III), coisa julgada (IV), decadência (V), perda de objeto (VI), quitação da dívida (VII), etc.

769. Nuança das decisões

Provimento (I) ou rejeição do recurso (II), decisão de mérito favorável (III) ou contrária ao contribuinte (IV) e diligência in loco (V).

770. Resultado da votação

Unanimidade ou maioria de votos.

771. Voto contrário

Registro escrito da opinião do conselheiro contrária à maioria.

772. Voto de Minerva

Voto desempatador do presidente do órgão julgador.

773. Requisição de diligência

Instituto técnico concebido para apurar fato material envolvido com a pendência discutida.

774. Defesa oral

Manifestação oral durante quinze minutos para o contribuinte ilustrar seus fundamentos jurídicos (I) e apresentar provas pessoalmente (II).

775. Coisa julgada

Reconhecimento da eficácia interna da decisão irrecorrível administrativamente.

776. Acordos trabalhistas

Disciplina específica regulamenta a apuração do crédito previdenciário constatado nas ações trabalhistas e sua execução pelo magistrado.

777. Vencimento da obrigação

Data unificada do vencimento da obrigação fiscal no mês subseqüente ao mês de competência com regras aplicáveis no caso de cair em fins de semana, feriados e dias sem atendimento bancário.

778. Mandato de procedimento

Autorização oficial para a administração proceder à fiscalização da empresa.

779. Apresentação de documentos

Notificação para apresentação de documentos fiscais imprescindíveis à auditoria, com prazo razoável para a exibição do exigível.

780. Termo inicial

Caracterização do início da auditoria fiscal.

781. Termo final

Documento escrito que põe fim à verificação fiscal.

782. Notificação Fiscal

Declaração formal e específica mediante a qual o contribuinte toma ciência inicial da exigência exacional.

783. Auto de Infração

Comunicação da ocorrência de infração à norma legal.

784. Relatório e discriminativo

Relatório fundamentador da ação fiscal, acompanhado de capitulação legal e discriminativo, mês a mês, do débito apurado.

785. Informação fiscal

Modalidade simplificada de notificação da existência de débito.

786. Certidão de regularidade

Emissão de certidão negativa de débito nos casos de cumprimento da regularidade dos recolhimentos.

787. Subsídio fiscal

Expediente interno que comunica ao gestor fato de interesse da receita.

788. Representação fiscal

Comunicação às autoridades competentes relativa a práticas ilícitas que possam interessá-la em matéria de organização tributária.

789. Arrolamento de bens

Levantamento dos bens do devedor da obrigação fiscal.

790. Livros obrigatórios

Documentos contábeis definidos na lei como obrigatórios, exemplo: diário, caixa, etc.

791. Guarda de documentos

Inexistência de prazo para a guarda de documentos de interesse dos beneficiários, devendo as empresas, por ocasião do encerramento das atividades, depositá-las em cartórios (I), juntas comerciais (II), órgãos classistas (III) ou enviá-las ao gestor (IV).

792. Recuperação de falência

Crédito privilegiado do gestor na intervenção (I), recuperação (II) ou falência (III).

793. Inscrição da dívida

Débitos arrolados no livro de inscrição da dívida.

794. Contribuição de terceiros

Convênio mediante os quais são fiscalizadas e arrecadadas as contribuições de terceiros ou fundos.

795. Condensação da jurisprudência

Divulgação do entendimento das instâncias superiores.

796. Enunciado de súmula

Entendimento consolidado dos entes julgadores.

797. Intimação das partes

Ciência pessoal nos autos (I), por via postal ou telegráfica (II) ou meio eletrônico (III).

798. Poder público

Disciplina específica da relação entre o fisco securitário e a verificação da regularidade fiscal dos regimes próprios.

Capítulo XXIX DISPOSIÇÕES PENAIS

Regulação da criminalística previdenciária abeberada subsidiariamente na penal, estabelecida a definição da infração, ilícito e crime, cometidos pelos contribuintes, pessoas físicas ou jurídicas, ou beneficiários.

799. Alcance dos crimes

Delitos praticados contra a organização da previdência social por contribuintes (I), dependentes (II) ou empresas (III), deflagram sanções restritivas de liberdade, financeiras ou penas alternativas para o réu.

800. Responsabilidade penal

Lei delegada define os responsáveis cominando punição às pessoas em razão das práticas ilícitas, delituosas ou infracionais.

801. Apropriação indébita

Empresa a isso obrigada, sem arrecadar ou deixar de recolher contribuições descontadas ou descontáveis, universalmente tidas como exigíveis, bem como as que, em razão de autorização legal ou convênio, estejam obrigadas a repassarem, implicam em apropriação indébita, sujeitando o responsável à prisão simples.

802. Prática do estelionato

Receber ou tentar receber dolosamente prestação previdenciária (I), praticar ato lesivo à entidade gestora para usufruir vantagem ilícita (II) ou emitir e apresentar, para pagamento por entidade, fatura de serviço não prestado (III), caracterizam o estelionato.

803. Sonegação fiscal

Deixar de incluir na folha de pagamento trabalhadores sujeitos ao desconto das contribuições (I), não lançar mensalmente em títulos próprios de sua contabilidade o montante das quantias descontadas (II) e o da correspondente contribuição da empresa (III), obstar a escrituração em livros e elementos discriminativos próprios das quantias arrecadadas de outros contribuintes (IV), constitui sonegação fiscal.

804. Falsidade ideológica

Inserir ou fazer inserir na folha de pagamento de salários pessoa não contratada formal ou informalmente (I), fazer declaração falsa ou impertinente (II) ou firmar, com base em atos dessa natureza, atestado necessário à concessão ou pagamento de prestação (III), consuma a falsidade ideológica.

805. Desobediência funcional

Administrador ou diretor da empresa, cujos bens sejam legalmente impenhoráveis, abster-se de cumprir precatório comete ato de desobediência.

806. Distribuição de dividendo

Impossibilidade da empresa em débito para com a Previdência Social distribuir dividendos.

807. Concorrência pública

Empresa inadimplente com as obrigações previdenciárias sem poder participar de concorrência promovida por órgão público.

808. Parcelamento do descontado

Empresa em débito impedida de parcelar contribuições descontadas dos trabalhadores, mesmo as abrangidas pela decadência.

809. Sanções à inadimplência

Inadimplência dos contribuintes gera sanções administrativas (I), pecuniárias (II) e, conforme o caso, punições penais (III).

810. Juros e multa

Juros e multa constituídos em sanções pecuniárias às empresas em débito com as contribuições previdenciárias.

811. Crimes complementares

Lei define ilícitos praticados contra a organização da Previdência Social complementar, obrigatória ou facultativa.

Subsídios para um MODELO DE PREVIDÊNCIA SOCIAL para o Brasil

812. Excesso de exação

Definição do crime adequada à responsabilidade dos auditores-fiscais, de modo a obstar o arbítrio fiscal.

813. Justiça Federal

Justiça Federal competente para processar os delitos previdenciários.

Capítulo XXX   EMPRESA CONTRIBUINTE

Descrição das pessoas jurídicas contribuintes de direito privado e direito público interno e externo onera o aplicador da lei em face do empreendimento vinculado sujeito à exação securitária conhecer amplas diversidades de tipos, manifestações e particularidades, justificando a identidade dos pontos em comum e o que os destaca dos demais, de vez que, exemplificativamente, a relação do eclesiástico com a Igreja (I), do cooperado com a cooperativa (II), do participante com o fundo de pensão (III), do órgão portuário com o avulso (IV), do residente com o hospital (V), do empregador com o doméstico (VI) e outras mais, são distintas e impõem uma necessária classificação didática.

814. *Conceito jurídico*

Para fins previdenciários a empresa consiste numa exploração econômica, com ou sem escopo lucrativo, que contrata pessoas jurídicas privadas, estatais, empresários, autônomos, empregados, temporários, avulsos ou age apenas com o titular, expondo-se aos riscos do empreendimento em uma ou várias unidades.

815. *Definição securitária*

Securitariamente interessa aquele empreendimento com segurados, às vezes sem atribuição de responsabilidades da empresa, caso do doméstico, enfocada a narrativa em função da proteção do trabalhador.

816. *Empresa e estabelecimento*

Distinção entre o conceito comercial do juridicamente responsável pelas obrigações exacionais e as unidades produtivas, assim entendidas a matriz ou sede central, filiais, sucursais e postos de trabalho.

817. *Exploração privada*

Esforço econômico ambientado na livre iniciativa enquadrado vernacularmente como particular, vinculado ao regime geral de previdência social.

818. Órgãos públicos

Organismos federais, estaduais, municipais e distrital da administração central dos poderes executivo, judiciário e legislativo, incluídos os ministérios federais e secretarias estaduais e municipais.

819. Ente autárquico

Entidade da administração pública direta instituída por lei com patrimônio e direção próprios, incluídas as de regime especial.

820. Empresa estatal

Classificação genérica abrangente de órgãos governamentais da administração indireta, tais como fundações de direito público, empresas públicas e sociedades de economia mista.

821. Economia mista

Sociedade anônima criada por lei para o exercício de atividade mercantil cuja maioria das ações pertença ao governo.

822. Empresa pública

Pessoa jurídica com características de direito privado com patrimônio próprio e capital exclusivo do governo, criado por lei para empreender atividades de natureza particular, por motivos de conveniência ou contingência administrativa.

823. Fundação pública

Entidade governamental criada por lei com autonomia orçamentária submetida a certas regras civilistas.

824. Tribunal de Contas

Órgãos oficiais de controle externo das contas públicas federais, estaduais e municipais previstos constitucionalmente.

825. Fundação privada

Organização associativa civil privada sem colimar fins lucrativos, assemelhada organizacionalmente à fundação pública.

826. Partido político

Entidades privadas que congregam líderes políticos, parlamentares, correligionários contribuintes e eleitores associados.

827. Organização sindical

Associação de trabalhadores, organizada em nível de sindicatos, federações e confederações, por vezes unida em centrais e mantenedora de centros de estudos, institutos de pesquisa, hospitais, clínicas de medicina do trabalho, etc.

828. Controle profissional

Sociedades civis ou autarquias em regime especial, criadas por lei para controlar o exercício profissional de certas categorias de trabalhadores, especialmente profissionais liberais.

829. Associação civil

Corporações privadas resultantes da união de pessoas físicas com objetivos previamente definidos, de variadíssima ordem, interesses e escopos.

830. Igreja mantenedora

Entidade privada que busca unir o homem ao seu Deus e que técnica, jurídica e funcionalmente congrega os eclesiásticos, admite os empregados e os autônomos, às vezes gere esforço voltado para a educação, assistência social ou ações de saúde (hospitais, sanatórios, asilos).

831. Filosofia espírita

Associação civil empreendedora de atividades espirituais, estudos científicos e reuniões com os adeptos da doutrina espiritualista.

832. Entidades esotéricas

Organizações privadas voltadas para estudos esotéricos, cabalísticos, misticismo, ciências ocultas interessadas no espiritualismo.

833. Maçonaria e rosa-cruz

Corporação doutrinária civil apolítica, sem escopo mercantil de caráter ideológico mundano, voltada para estudo de seu pensamento filosófico, liturgia própria, amor ao próximo e auxílio aos necessitados.

834. Empregador doméstico

Pessoa física, família ou grupo de pessoas, sem exploração de atividade econômica, que admite obreiro para serviços pessoais na residência ou fora dela.

835. República de estudantes

Grupo de pessoas físicas, juridicamente um condomínio familiar, habitualmente de estudantes, que convive mutuamente se auxiliando e que contrata o doméstico.

836. Estabelecimento de ensino

Universidades, faculdades, escolas, cursos de pós-graduação, mestrado, doutorado, preparatórios para vestibulares e concursos públicos ou privados, voltados para a educação.

837. Entidade beneficente

Associação civil privada direcionada à assistência social sem finalidade lucrativa e dispensada da parte patronal da contribuição previdenciária.

838. Junta Comercial

Associação civil privada, órgão auxiliar da administração pública, controladora do registro, abertura e funcionamento de empresas.

839. Cartórios e Tabelionatos

Entidades privadas auxiliares governamentais e da justiça, com seus notários e tabeliães classificados como empresários.

840. Trabalho temporário

Cedente de mão-de-obra mediante o trabalhador temporário.

841. Fornecedor de mão-de-obra

Empresa que fornece trabalhadores para as pessoas jurídicas, usualmente nas áreas de vigilância, segurança e limpeza.

842. Trabalho portuário

Órgão gestor de mão-de-obra portuária cedente de avulsos para os armadores e exportadores, em porto seco ou molhado.

843. Armador estrangeiro

Proprietário de navios, barcos e barcaças de transporte fluvial e marítimo que contrata avulso para os serviços portuários de carga e descarga de mercadorias.

844. Empresa no exterior

Empresa nacional estabelecida em país estrangeiro com responsabilidades perante a Previdência Social em relação ao segurado brasileiro.

845. Programas governamentais

Programas, projetos e ações governamentais ou particulares de duração provisória.

846. Órgãos de representação

Embaixadas estabelecidas em Brasília.

847. Consulado regional

Organismo estrangeiro sediado fora da capital do País.

848. Escritório de representação

Empresa privada estrangeira de interesse econômico, em funcionamento no nosso país, do tipo câmaras, escritórios, centros de tradição, etc.

849. Organismo internacional

Corporações internacionais ou mundiais com escritórios, agências, filiais, sucursais ou outras modalidades de representação nas áreas do interesse humano.

850. Grupo econômico

Conceito comercialista correspondente à reunião de várias empresas com domínio do capital ou parte dele pertencente à unidade líder do empreendimento, fiscal e exacionalmente responsável como solidário.

851. Pesquisa urbana

Esforço científico, geralmente público, sem fins lucrativos, empenhado na pesquisa de novos produtos, tecnologias, medicamentos, etc.

852. Pesquisa rural

Pesquisa de campo em matéria de produtos agrícolas ou pecuários, sem comercialização do produto rural final.

853. Cultura agrícola

Exploração rurícola em que presta serviço trabalhador rural na atividade agrícola.

854. Exploração pecuária

Criação e desenvolvimento da espécie animal com finalidade comercial.

855. Indústria da pesca

Atividade econômica voltada para a pesca lacustre, fluvial e marítima, com ou sem industrialização do pescado.

856. Cata litorânea

Esforço pessoal primário de apanho de produtos marinhos na orla litorânea do território nacional.

857. Coleta de produtos

Esforço, geralmente individual, de coleta de produtos encontrados na natureza.

858. Condomínio simplificado

Reunião de pessoas físicas produtores rurais.

859. Agroindústria

Exploração econômica transformadora da própria matéria-prima rural agropecuária.

860. Artesanato individual

Trabalho pessoal manufatureiro em que utilizados processos rudimentares tradicionais.

861. Indústria rural

Transformação incipiente de matéria-prima rural que adota procedimentos familiares, caseiros e artesanais.

862. Segurado especial

Exploração rural do trabalhador e seus dependentes em regime de economia familiar.

863. Parceria rural

Contrato civil celebrado entre dois produtores rurais com vistas à exploração agropecuária.

864. Contrato de comodato

Cessão de propriedade geralmente gratuita àquele que durante certo tempo vai explorá-la na órbita rural.

865. Arrendamento e arrendatário

Contrato mediante o qual o proprietário de imóvel ou empreendimento o cede para terceiro explorar economicamente, bastante comum na área rural.

866. Reprodução e criação

Atividade mercantil voltada para a reprodução pecuária e desenvolvimento do produto animal para futura comercialização.

867. Cooperativa de trabalho

Reunião de autônomos, organizada formalmente segundo as regras do cooperativismo, com o papel de representante e intermediador dos cooperados no mercado da mão-de-obra.

868. Cooperativa de crédito

Tipo de cooperativa que promove empréstimos pecuniários.

869. Cooperativa de autônomos

Associação civil de profissionais da medicina e odontologia, fornecedora de mão-de-obra para hospitais, clínicas, casas de saúde, laboratórios, planos de saúde e empresas, mediante convênio de assistência à saúde.

870. Cooperativa de produção

Reunião associativa de produtores rurais sob a forma do cooperativismo.

871. Cooperativa de fato

Organização que reúne profissionais sem a formalização da cooperativa legal.

872. Assistência à saúde

Estabelecimentos particulares voltados para as ações de saúde, que incluem hospitais, clínicas, laboratórios, etc.

873. Entidade de previdência

Entidade fechada ou aberta de previdência complementar regente de plano de benefícios.

874. Montepio previdenciário

Entidade civil de previdência complementar aberta, sem lucros.

875. Fundo público

Entidade fechada de previdência complementar do servidor, com caráter público.

876. Liquidação extrajudicial

Entidade de previdência complementar fechada sob processo de liquidação extrajudicial.

877. Entidade sob intervenção

Entidade fechada sob intervenção ministerial.

878. Planos de saúde

Organizações particulares economicamente empreendedoras de assistência da saúde com finalidade lucrativa.

879. Empreendimento interditado

Empresa ou estabelecimento cujo funcionamento foi obstado a funcionar pela municipalidade.

880. Falência e recuperação

Responsabilidade da empresa em processo de falência e recuperação.

881. Sucessor comercial

Quem jurídica e comercialmente sucede outra, em alguns casos responsabilizando-se pelo passivo trabalhista, previdenciário e exacional.

882. Processo de estatização

Empreendimento anteriormente privado submetido a processo de estatização.

883. Processo de privatização

Empresa estatal submetida a processo de privatização.

884. Atividade bancária

Exploração da atividade bancária.

885. Caixa Econômica

Estatal federal ou estadual voltada para a atividade bancária, financiamento e oferta de previdência complementar aberta.

886. Bolsa de Valores

Sociedade civil que reúne aplicadores do mercado de capitais, local onde se negociam ações de empresas de capital aberto (públicas ou privadas) e outros instrumentos financeiros como opções e debêntures.

887. Financiadora de recursos

Empresa que financia empréstimos.

888. Empresa de fato

Exploração de atividade econômica informal.

889. Fornecimento de bóia-fria

Reunião de trabalhadores rurais liderados por um agenciador de mão-de-obra.

890. Construção civil

Empreendimento voltado para a construção civil em sentido amplo, edificação de residências, edifícios, viadutos, pontes, estradas, barracões, etc.

891. Proprietário de obra

Pessoa física ou jurídica empreendedora de demolição, construção, acréscimo ou reforma de obras de construção civil.

892. Edificação em mutirão

Edificação de residência sem a presença de mão-de-obra remunerada.

893. Subempreiteiro de construção

Colaborador do empreiteiro, aquele que realiza parte da obra de construção civil.

894. Colocador de materiais

Tipo específico de empresa que apenas instala materiais em obras de construção civil.

895. Prestação de serviços

Atividade primária econômica caracterizada pela realização de serviços normalmente em sua própria sede social.

896. Contrato de empreitada

Tipo de contrato, principalmente adotado na construção civil, cujo objetivo é uma tarefa específica.

897. Cessão de mão-de-obra

Fornecimento próprio ou de terceiros de mão-de-obra para pessoas jurídicas, figura jurídica distinta da empreitada e da prestação de serviços.

898. Grupo dos "S"

Pessoas jurídicas de direito privado criadas por lei por iniciativa do patronato, voltadas para o treinamento, a aprendizagem urbana ou rural, o entretenimento.

899. Fundos e programas

Instituições criadas por lei para desenvolver atividades estatais ou paraestatais em vários campos da atuação humana.

900. Consumidor rural

Pessoa física ou jurídica que adquire produtos rurais para consumo próprio, transformação, criação ou desenvolvimento.

901. Produtor exportador

Exploração rural voltada exclusivamente para a exportação dos seus produtos agropecuários.

902. SIMPLES

Modalidade de enquadramento fiscal de micro, pequena e média empresa em que substituída a parte patronal por alíquota distinta.

903. Associações desportivas

Pessoas jurídicas voltadas para o desporto profissional cuja parte patronal é substituída fiscalmente por percentual de fato gerador descrito na lei do tipo renda bruta do espetáculo.

904. Federações e confederações

Organismos estaduais ou nacional, privados, controladores das associações desportivas amadoras responsáveis por contribuições securitárias.

905. Pessoa jurídica

Personalidade constituída por pessoas físicas que prestam serviços para outra pessoa jurídica.

906. Indústria manufatureira

Atividade econômica primária de transformação de matéria-prima urbana ou rural.

907. Comércio mercantil

Atividade de comercialização de produtos manufaturados em nível varejista ou atacadista.

908. Produção agropecuária

Exploração econômica no âmbito das atividades agrícolas e pecuárias, voltada mercantilmente para a comercialização do produto rural.

909. Portos e aeroportos

Empreendimentos privados ou usualmente públicos direcionados para propiciar o transporte de mercadorias ou pessoas mediante meios lacustres, fluviais ou marítimos e aviação comercial.

910. Controle do crédito

Entidades paraestatais que controlam os preços de bens, serviços e mercadorias e a inadimplência de pessoas físicas.

911. Empresa de táxis

Exploração do serviço de automóvel por autônomos contratados por empresas que fornece o veículo próprio mediante diárias.

912. Titular individual

Empreendimento econômico com um único empresário, classificado como titular de firma individual.

913. Sociedade limitada

Reunião do sócio-gerente, segurado obrigatório e do sócio-cotista, empreendedores de atividade econômica usualmente urbana, na produção de bens e serviços.

914. Sociedade anônima

Tipo específico de sociedade coletiva em que funcionam, como os empresários, os membros da diretoria e da administração.

915. Entreposto e feiras

Reunião de intermediadores da comercialização de produtos rurais por atacado ou varejo, estabelecidos em imóvel geralmente municipal.

916. Feirante-comerciante

Pessoa física que comercializa por conta própria produtos vegetais em logradouros públicos ou em residências.

917. Representante comercial

Trabalhador autônomo representante da indústria ou do comércio por conta própria.

918. Chácara de lazer

Propriedade rural (ou, raramente, urbana), extensão da residência do empregador doméstico voltada para o lazer, descanso ou entretenimento do seu dono, sem exploração econômica, onde labora o doméstico.

919. Circos e shows

Entretenimento artístico profissional ou amador, de curta duração no espaço físico onde sediado o espetáculo; empreendimento econômico contratador de segurados empresários, eventuais, autônomos e empregados.

920. Clubes de serviço

Associações culturais, cívicas e benemerentes que reúnem pessoas físicas voltadas voluntária e filantropicamente para a assistência social e sanitária de pessoas necessitadas.

921. Asilos e internatos

Entidades estatais, religiosas e até particulares que abrigam idosos, enfermos e pessoas carentes.

922. Responsável solidário

Quem *ex vi legis* responde solidariamente por obrigação fiscal original de terceiros, diferentemente do mesmo grupo econômico.

923. Condomínio vertical

Reunião jurídica formalizada em convenção coletiva de proprietários detentores de parte ideal de imóvel residencial ou comercial que emprega autônomos, temporários e empregados.

Capítulo XXXI   ACORDOS INTERNACIONAIS

Normas sobre acordos internacionais pertinentes à aplicação da legislação nacional aos estrangeiros (I), aos brasileiros no exterior (II) e as convencionadas sobre a situação dos trabalhadores imigrantes (III), um capítulo à parte na Previdência Social, toma por base científica e jurídica uma profunda solidariedade internacional.

924. Solidariedade internacional

Ajuste diplomático externa a solidariedade supranacional e extravasa uma universalidade planetária, contempladas regras gerais referentes aos trabalhadores locais diante do fenômeno da imigração.

925. Reciprocidade das nações

Norma ajustada, baseada numa ampla reciprocidade de tratamento do direito dos beneficiários.

926. Uniformidade de procedimentos

Uniformidade das contribuições e dos benefícios junto aos países signatários dos tratados internacionais na medida do possível.

927. Igualdade de tratamento

Direitos do trabalhador imigrante nos países acolhedores exatamente iguais aos do obreiro de mesma categoria no país de origem.

928. Divisão de responsabilidade

Divisão dos encargos com o pagamento das prestações entre os países signatários com o tempo de serviço e a contribuição.

929. Facilidades administrativas

Prioridade no andamento dos feitos baseados nos acordos internacionais e cooperação de missões diplomáticas (I), consulados (II) e escritórios de representação (III).

930. Eventos internacionais

Promoção periódica de eventos científicos internacionais com vistas à universalidade de proteção e uniformidade de critérios e procedimentos.

931. Filiação a associações

Filiação do Brasil às associações internacionais de seguridade social.

932. Recomendações internacionais

Filiação do Brasil às organizações internacionais do trabalho, o País cumpre as recomendações compatíveis, oriundas daquela organização.

933. Xenofobia nacional

Nacional ou estrangeiro, ao deixar o País, continua com direito aos benefícios aqui assegurados.

Capítulo XXXII — DIREITO INTERTEMPORAL

Comandos jurídicos relativos à temporalidade da legislação previdenciária sem inovações específicas, ressaltado que freqüentemente o tempo passado tem ínsita relevância e a maioria dos efeitos práticos e jurídicos da contribuição e do benefício encontra suas raízes em ocorrências pretéritas.

934. Alcance das regras

Preceitos eficazes para as normas constitucionais, leis delegadas e regulamentos e, especialmente, para as ordens de serviços, restando impróprio que estas últimas normas administrativas exijam ações, procedimentos ou documentos passados, antes da data em que desses comportamentos sejam reclamados.

935. Valor prospectivo

Prescrições das regras valendo para o futuro, sem confundir a data do início de suas vigências com a de suas eficácias.

936. Vigor diferido

Diminuído o prazo do exercício de um direito, a medida em vigor vale desde sua publicação com eficácia plena após o termo então fixado.

937. Retroeficácia eficaz

Juridicamente sustentável, sem ofender o direito adquirido, a coisa julgada e, principalmente, o ato jurídico perfeito, a norma retroage, afeta o passado para beneficiar e produzir consectários a contar de sua eficácia.

938. Data da vigência

Norma entra em vigor na data de sua publicação no órgão de divulgação oficial, produzindo efeitos imediatamente ou diferidos estes a contar de certa data ou fato estipulado.

939. Validade técnica

Aquisição da eficácia quando assim determinar o seu texto (I), na data da publicação no silêncio normativo (II) ou nos termos da Lei de Introdução ao Código Civil (III), fazendo-o preferivelmente no dia 1º de janeiro de cada ano ou mês.

940. Perda de força

Eficácia perecida conforme proposto no seu texto (I), por revogação (II), derrogação (III) ou não ter sido aplicada (IV).

941. Força condicionada

Determinado que algo se produza a partir de certo ato, ele gera efeitos no dia seguinte.

942. Eficácia benéfica

Norma que amplia prazo e favorece os interessados, entra em vigor imediatamente.

943. Eficácia diferida

Regido cenário dinâmico e regulamentado o passado, a disciplina adquire eficácia no final do seu prazo sem valer retroativamente.

944. Tempus regim actum

Validade da regra regente à época quando do exame hodierno de situações passadas, pouco relevando que a contar de sua eficácia futuramente outra regra crie situação melhor, sem empecilho para o elaborador de a norma melhorar o *status* dos titulares do direito.

945. Regra de transição

Comandos de transição, em certos casos recomendáveis, introduzidos por ocasião de mudanças de maior realce.

946. Ponderação da transição

Coeficientes da transição compatíveis ao tempo de eficácia da regra anterior.

947. Efeito repristinatório

Terceira disposição que revogue uma segunda que, por sua vez, havia revogado uma primeira, esta última permanece sem validade exceto se aquela terceira determinação o disser expressamente.

948. Direito de mudança

Respeitado o ato jurídico perfeito, a coisa julgada e o direito adquirido, possibilidade da norma inovar.

949. Fundamento da alteração

Modificações da legislação, após audiência pública, oitiva dos interessados, pesquisa de campo e justificadas razões técnicas para as alterações.

Capítulo XXXIII — AUDIÊNCIA PÚBLICA

Questões relevantes de Direito Previdenciário, entre as quais as filosóficas, acompanham as mudanças de comportamento dos membros da sociedade, estudadas pelos especialistas, discutidas pelos interessados entre sindicatos, universidades e centros de estudos, depois tecnicamente corporificadas e, por fim, idealmente debatidas em audiência pública.

950. Participantes da audiência

Ouvidos técnicos (I), especialistas (II), professores (III), atuários (IV), estatísticos (V), demógrafos (VI), médicos e seguranças do trabalho (VII), sociólogos (VIII), líderes sindicais (IX), parlamentares (X), representantes da OAB (XI) e dos governos (XII) e associações dos interessados (XIII).

951. Temas abordados

Assuntos interessantes: lei ordinária ou delegada (I), aposentadoria por tempo de contribuição (II), estatização ou privatização (III), renúncia e nova aposentação (IV), pensão e aposentadoria (V), critérios da perícia médica (VI), gestor do seguro-desemprego (VII), suspensão ou cancelamento de benefícios (VIII), decadência e prescrição (IX), descaracterização da proteção (X), tempo de serviço rural (XI), salário mínimo previdenciário (XII), indexador dos reajustamentos (XIII), direito derivado da necessidade (XIV), idade mínima (XV), fator previdenciário (XVI), crimes previdenciários (XVII), fórmula 95 (XVIII), desclassificação da pessoa jurídica (XIX), súmula vinculante (XX), dano moral (XXI), clientela protegida (XXII), menoridade filiativa (XXIII), aposentadoria especial (XXIV), isenção exacional (XXV), proteção ao idoso (XXVI) e união homoafetiva (XXVII).

952. Poder Público

Conclusões das audiências públicas encaminhadas aos Poderes Executivo e Legislativo.

Capítulo XXXIV CONSOLIDAÇÃO DA JURISPRUDÊNCIA

Sem embargo do pensamento de alguns opositores, perscrutada a solução sem preconceitos ou *part pris*, desapaixonados descobrirão que a súmula vinculante subsume-se em extraordinário avanço adjetivo.

953. Alcance da edição

Obriga tribunais emitentes (I) e inferiores (II), administradores (III) e administrados (IV).

954. Objeto e validade

Solução de dúvidas e controvérsias interpretativas.

955. Pressuposto lógico

Ocorrência de jurisprudência dominante.

956. Prazo para publicação

Aprovado documento, o emitente dispõe de dez dias para divulgá-lo.

957. Data da eficácia

Validade assumida quando da publicação em órgão oficial sem prejuízo do tribunal diferi-la para termo aprazado.

958. Modificação da norma

Revogada (I), derrogada (II) ou alterada a lei (III), o tribunal modifica as conclusões ementadas.

959. Descumprimento da ordem

Recurso ao STF contra decisão ou ato que contrarie súmula.

960. Súmulas Vinculantes do STF

Sumariadas as ementas (I), amplamente divulgadas (II) e aplicadas pelos magistrados (III) constituem significativas fontes formais.

961. Súmulas do STJ

Excepcionadas as questões constitucionais, orientações relevantes em matéria de Previdência Social.

962. Juizado Especial

Consolidações de entendimentos das Turmas Recursais.

963. Suscitadores da emissão

Lei delegada indica como suscitadores o próprio tribunal (I) ou certas autoridades (II).

964. Divulgação da consolidação

Periodicamente, promovida divulgação da consolidação das súmulas de cada tribunal como contribuição jurisprudencial, doutrinária e normativa.

965. Revisão da ementa

Oportunamente justificada, propõe-se a revisão das ementas das súmulas.

966. Cancelamento da eficácia

Jurisprudência iterativa ou mudança da norma põem fim à validade da súmula.

967. Pré-julgados

Acórdãos relevantes de tribunais de segunda instância, em matéria de assunto novo, publicados periodicamente, com validade de súmulas.

968. Entendimentos internos

Decisões majoritárias dos órgãos de controle da administração previdenciária, condensadas, constituem fontes formais.

969. Recomendações dos Conselhos

Recomendações dos órgãos colegiados da seguridade social a serem contestadas, ou observados os seus conteúdos.

Capítulo XXXV   NORMAS DE SUPERDIREITO

Sistema protetivo nacional com regime de Previdência Social universal e igual para todos, mantidas as diferenças dos desiguais, e se revelado ser mais útil a multiplicidade da cobertura com regimes próprios, praticam os mesmos critérios (I), pressupostos (II) e tipos de prestações (III); caso contrário releva as normas de superdireito, a existência da regulamentação dos temas previdenciários sucedidos no universo protetivo referindo-se à totalidade dos regimes, isto é, que produzam efeitos em dois ou mais regimes.

970. Direito do Trabalho

Regras trabalhistas afetadoras das realidades previdenciárias e vice-versa, contempladas, cada caso em particular.

971. Normas comunicativas

Regulação do exercício de uma atividade que se comunica a outra atividade, caso do trabalhador vítima de acidente do trabalho na iniciativa privada impedido de trabalhar no serviço público.

972. Dupla atividade

Exercício de duas ou mais atividades submetidas a dois ou mais regimes protetivos.

973. Contagem recíproca

Cômputo do tempo de serviço dos diferentes regimes de proteção social com definição dos seus institutos técnicos (I), pressupostos (II) e efeitos jurídicos (III).

974. Acerto de contas

Regência do ajuste financeiro entre os regimes previdenciários.

975. Período de carência

Soma dos períodos de contribuição de um regime no outro regime, com vistas ao cumprimento do período de carência.

976. Aposentadoria especial

Portabilidade do tempo especial após sua conversão para o comum, por intermédio da contagem recíproca, de um regime para outro.

977. Previdência complementar

Normas gerais abrangendo, de modo geral, a Previdência estatal e a particular (I), a independência dos sistemas (II), a subsidiariedade (III) e a afetação da concessão de prestações entre si (IV).

978. Previdência e assistência

Preceitos reguladores da concessão de benefícios nos âmbitos previdenciários combinados com os assistenciários, especialmente sobre as regras de acumulação.

979. Efeitos da reciprocidade

Disposições reguladoras de conquistas laborais do servidor, na hipótese de portabilidade de parte do tempo dedicado ao serviço público ao regime geral, antes constituídas em exigência para a decantação daquelas conquistas.

980. Prestações não securitárias

Comandos sobre concessão (I), percepção (II) e acumulação (III) das prestações securitárias — previdenciárias e assistenciárias — com as demais, isto é, benefícios com características de pensão.

Capítulo XXXVI PREPARAÇÃO PARA APOSENTADORIA

Estudos sociológicos, geriátricos, gerontólogos, enfocando o estágio que precede a aposentadoria, disciplinados na legislação, constituem temas relevantes com reconhecimento público dos esforços privados nesse sentido.

981. *Adaptação pessoal*

Instrumentos básicos de variada ordem pessoal e social para que o ativo se torne inativo, conforme várias atitudes individuais e familiares, sem nenhuma delas — até mesmo na hipótese da invalidez — recomendar a completa inatividade.

982. *Aposentadoria por invalidez*

Vedada legalmente a volta ao trabalho, consultados os profissionais da especialização, cada percipiente do benefício afere o nível da sua incapacidade física ou mental, determinada a possível aptidão em termos de atividade física ou intelectual (I), providências subordinadas aos preceitos regulamentares indicando as condições em que isso é tecnicamente válido (II), cabendo à ação ministerial avaliar periodicamente o avanço da tecnologia em função da perícia médica para tornar o *ocium cum dignitat* uma realidade (III).

983. *Aposentadoria especial*

Deferida o benefício e obstado o retorno ao trabalho na mesma atividade deflagradora, sem impedimento para o exercício de outra profissão (I), ocupação (II) ou função (III), encetada sem ampliar o risco à saúde ou integridade física a que esteve sujeito antes da concessão da prestação especial.

984. *Aposentadoria por idade*

Benefício do mais velho assinalado pelo número elevado de anos do titular, comumente com limitações para o exercício físico — exceto para aqueles que sempre praticaram esportes — e fora dessa restrição, recomendação no sentido de laborar terapeuticamente como empresário (I), autônomo (II), amador (III) e até mesmo voluntário (IV).

985. Tempo de contribuição

Concedido o direito em faixa etária inferior ao da aposentadoria por idade, com os segurados dispondo de tempo livre e nenhum impedimento fático ou jurídico para voltar a laborar, que não prejudique a oferta de postos de trabalho para os mais jovens ou desempregados.

986. Recomendação médica

Recomendação de psicólogos para que pessoas saudáveis jamais deixem de fazer exercícios físicos, trabalhar se for o caso e até mesmo produzir, mas sem essa intenção, dedicar-se a afazeres terapêuticos como micromarcenaria (I), jardinagem (II), pintura (III), trabalhos manuais (IV), filatelia (V), numismática (VI), literatura (VII), tricô ou crochê (VIII), voluntariado (IX) ou o que gostem de fazer (X).

Capítulo XXXVII DESAPOSENTAÇÃO DE BENEFÍCIOS

Renúncia à aposentadoria num regime de previdência social e futura aposentação no mesmo, em outro regime ou simples abstenção do benefício.

987. Natureza jurídica

Direito subjetivo de quem deseja melhorar o *status* previdenciário como uma expressão da liberdade jurídica de trabalhar e de aposentar, instituto técnico prevalecente enquanto vigentes aposentadorias proporcionais ao lado de integrais (I), permissão para o jubilado continuar exercendo atividades (II), voltar ao trabalho (III), novamente aposentar (IV), numa pluralidade de regimes previdenciários.

988. Direto à aposentação

Subjetividade básica própria dos regimes previdenciários, garantia constitucional própria de quem preenche os requisitos legais.

989. Pressupostos lógicos

Renúncia a benefício regular (I), legal (II) e legitimamente concedido e mantido (III), sob manifestação expressa e exclusiva do titular, declarado o motivo (IV) — até mesmo o de buscar a ociosidade — cujo ato administrativo de desconstituição do direito existente e deferimento do novo não causem prejuízos às pessoas físicas ou jurídicas (V).

990. Regularidade da prestação

Benefícios irregulares ou indevidos são suspensos ou cancelados sem se prestarem para a renúncia.

991. Vontade do titular

Expressão da volição da pessoa física detentora do direito à aposentadoria.

992. Motivação pessoal

Disposição ampla do desaposentante de renunciar e até mesmo para ingressar no *ocium com dignitati*.

993. Prejuízos a terceiros

Observado o princípio do equilíbrio atuarial e financeiro, ninguém pode ser prejudicado pelo instituto técnico, particularmente os regimes envolvidos.

994. Prestações renunciáveis

Respeitados os princípios constitucionais da coisa julgada (I), do direito adquirido (II) e do ato jurídico perfeito (III), permissão para renúncia a qualquer prestação previdenciária, inclusive a aposentadoria por invalidez.

995. Sujeitos envolvidos

Jubilados filiados ao regime geral e aos regimes próprios.

996. Restituição do recebido

Vedação a qualquer afetação ao regime concessor do primeiro benefício, em cada caso devida a restituição consoante os elementos pessoais do titular, cabendo ao matemático estimar o *quantum* a ser devolvido.

997. Elementos pessoais

Consideração pelos dados da aposentadoria renunciada, inclusive com possibilidade de combinação do tempo de serviço com novo tempo de contribuição, mediante a contagem recíproca.

998. Expectativa de vida

Partindo da idade e do sexo do aposentado, fixação atuarial do tempo de sobrevida em relação à futura aposentação.

999. Tempo de serviço

Apreensão do tempo de serviço do segurado, determinante do primeiro benefício.

1.000. Tipo da prestação

Estudo da modalidade do benefício renunciado.

1.001. Reservas constituídas

Apuração do capital acumulado no regime desaposentante.

1.002. Novas condições

Elementos da nova jubilação como ente concessor, tipo de benefício, renda inicial, modalidade vitalícia ou programada.

1.003. Acerto de contas

Ajuste econômico ou financeiro assemelhado ao da contagem recíproca de tempo de serviço entre o regime emissor e o regime receptor das contribuições.

1.004. Objetivos da decisão

Fruição do estado de ativo (I), inativação sem remuneração (II), voltar ao trabalho (III), jubilação adiante (IV), contar o tempo da aposentadoria noutro regime (V), etc.

1.005. Volta à atividade

Desejo do aposentado de se afastar da aposentadoria.

1.006. Inatividade ociosa

Fruição do estado de inércia total, sem exercício de atividade ou nova aposentação.

1.007. Nova jubilação

Desfazimento do atual benefício para obtenção de nova prestação no mesmo ou em outro regime.

1.008. Contagem recíproca

Absorção do tempo de serviço noutro regime, ainda sem objetivo de aposentação.

1.009. Observância da moralidade

Pressuposto de ordem moral, melhorar de situação (I) sem prejudicar quaisquer terceiros (II).

1.010. Aposentação compulsória

Acaso mantida a figura na legislação, jubilação promovida pela empresa ou serviço público, desfeita nas mesmas condições da voluntária.

1.011. Ato jurídico perfeito

Garantia constitucional do indivíduo, sem ser contrariada ao desfazer-se a aposentação.

1.012. Disciplina legislativa

Matéria regulamentada em lei, especificadas claramente as prestações renunciáveis (I), clientela alcançada (II), cômputo do tempo de serviço (III) e, cabendo, o montante a ser restituído (IV) bem como a necessária adaptação dos regimes previdenciários recepcionantes (V).

Capítulo XXXVIII   PREVIDÊNCIA COMPLEMENTAR

Benefícios básicos de pagamento continuado complementados num patamar superposto mediante uma previdência social obrigatória estatal ou privada, postada acima do limite do salário-de-contribuição e, num terceiro patamar, por intermédio de complementaridade inteiramente particular e facultativa.

1.013. Validade da complementação

Normas regentes inspiradas na influência do direito privado e regras supletivas da básica, empreendida pela iniciativa privada na medida de sua institucionalização (I), aparelhamento (II), experiência (III), maturidade (IV) e credibilidade (V).

1.014. Distinção da proteção

Complementaridades distinguidas nos patamares médio e superior: a primeira, corolária da básica e a segunda, constituída de pecúlios ou rendas permanentes, montantes ajustados entre os beneficiários e a seguradora, consoante os princípios do seguro privado.

1.015. Conceituação estrutural

Previdência particular com essência institucionalmente complementar supervisionada.

1.016. Níveis institucionais

Complementaridade constituída em dois patamares postados acima do limite do regime geral: intermediário e superior.

1.017. Definição do patamar

Definição de dois patamares superiores por lei delegada com base na capacidade organizacional, do governo e do particular, de empreendê-los.

1.018. Patamar intermediário

Benefício básico complementado obrigatoriamente até certo nível previamente definido, mediante contribuição da empresa e do trabalhador ou apenas deste último, no caso do contribuinte individual, e sem a participação exacional da sociedade.

1.019. Patamar superior

Nível superior posicionado acima do segundo patamar, gerido exclusivamente pela iniciativa particular, com ingresso e afastamento facultativos.

1.020. Natureza do vínculo

Relação jurídica complementar, obrigatória ou facultativa, afeiçoada ao direito privado (I), com natureza de instituição (II) e alguma vontade do participante (III), respeitada a volição inteiramente dos dois pólos no terceiro patamar.

1.021. Normas específicas

Comandos próprios sobre a complementação em matéria substantiva e adjetiva e, quando cabível, com remissão às regras básicas.

1.022. Normas de superdireito

Dispositivos legais interagem a previdência básica com a complementar.

1.023. Princípios aplicáveis

Observados os princípios jurídicos de direito (I) e os específicos da Previdência Social (II), atendidos os postulados inerentes à previdência complementar como transparência nas relações (III), não subsidiaridade dos regimes (IV), solidariedade nas prestações não programadas (V), equilíbrio atuarial e financeiro (VI), fulcro nas reservas constituídas (VII), regime financeiro e tipos de planos compatíveis com a melhor cobertura (VIII), destino equânime do resultado superavitário (IX), assistência atuarial (X), gestão representativa (XI), auditoria privada (XII), supervisão estatal (XIII), etc.

1.024. Regras hermenêuticas

Interpretação inerente às áreas de custeio e de prestações assemelhadas às da previdência básica e própria.

1.025. Justiça competente

Justiça Federal, caso presente como pólo o governo federal; Justiça do Trabalho, nas questões laborais jacentes entre empregado e empregador; e Justiça Estadual nos dissídios entre os participantes e as entidades.

1.026. Classificação das entidades

Entidades agrupadas em dois segmentos: fechadas — relativas a trabalhadores (I), empregados de estatais (II) e associativas para os contribuintes individuais (III), dos servidores (IV) e abertas — montepios (V) e lucrativas (VI).

1.027. Modalidades de beneficiários

Cinco grupos de participantes: ativos (I), em risco iminente (II), aguardando *vesting* (III), autopatrocinados (IV), assistidos (V) e seus dependentes.

1.028. Tipos de benefícios

Renda definida, como a diferença entre o salário-de-benefício do participante e o devido pela previdência social básica.

1.029. Fontes de custeio

Recursos provenientes exclusivamente da empresa e do trabalhador no segmento intermediário e contribuição originada apenas do segurado no superior.

1.030. Tipos de contribuições

Cinco modalidades de contribuições previstas: mensais normais (I), dotações iniciais (II), extraordinárias (III), do tempo passado (IV) e oriundas da portabilidade (V).

1.031. Tempo passado

Reconhecimento do tempo de serviço passado mediante o pagamento de contribuições extraordinárias exclusivamente das empresas ou somente dos participantes e/ou de ambos.

1.032. Paridade contributiva

Contribuição patronal globalmente sem superar a dos participantes nos planos de benefícios instituídos por empresas estatais.

1.033. Plano de custeio

Organização de fontes de custeio planejada (I), concebida (II) e ordenada por atuário especializado na matéria (III).

1.034. Revisão anual

Dever legal de revisão periódica do plano de custeio.

1.035. Presença de matemático

Obrigação legal de cada entidade ser assistida pelo matemático responsável.

1.036. Ativos garantidores

Decantação constante das reservas técnicas constituídas, capazes de garantir os compromissos assumidos com os participantes.

1.037. Aplicação dos recursos

Controles institucionais, rígidos e sistematizados, internos e externos, das aplicações financeiras.

1.038. Supervisão das aplicações

Agência reguladora acompanha os investimentos.

1.039. Destino dos investimentos

Reservas aplicadas em bens capazes de propiciar a maior rentabilidade, incluindo os de raiz, com utilização convergindo para uma ampla reestruturação do sistema de habitação nacional, administrado por um colegiado da Previdência Social.

1.040. Equacionamento do déficit

Déficit contornado preferivelmente mediante aumento das contribuições e, se for o caso, com a diminuição dos benefícios.

1.041. Destino do superávit

Destinação dos recursos excedentes à redução das contribuições e, conforme a hipótese, aumento dos benefícios, sempre levando em conta, em cada caso, quem realmente foi responsável pelo excedente.

1.042. Plano de benefícios

Definição legal uniforme da complementação dos benefícios devidos pela previdência complementar obrigatória restando a critério da iniciativa privada a conceituação das rendas facultativas.

1.043. Direito de mudanças

Respeitado o direito adquirido, regras de transição e permanentes com reconhecimento da possibilidade de promoção das alterações no plano de benefícios necessárias para a realização do desiderato da proteção complementar.

1.044. Extinção de planos

Regras estatuídas sobre as hipóteses de extinção do plano: desaparecimento natural (I), substituição por outro plano (II), retirada de patrocinadora (III), etc.

1.045. Auditoria permanente

Fiscalização (I), auditagem (II), verificação interna (III) e externa (IV) dos parâmetros matemáticos, biométricos, estatísticos, econômicos e financeiros do plano de benefícios.

1.046. Tábua de mortalidade

Tábua biométrica específica da clientela protegida com distinção dos sexos e atualizada periodicamente.

1.047. Modalidade de entidades

Gestoras organizadas na forma da lei como autarquias (I), fundações (II), sociedades civis (III) e sociedades anônimas com (IV) ou sem fins lucrativos (V), conforme cada cenário, sujeitos a instituição e o funcionamento à autorização ministerial.

1.048. Documento instituidor

Atos constituidores da entidade: edital de privatização (I), convênio de adesão (II), estatuto social (III) e regulamento básico (IV).

1.049. Divulgação do plano

Publicidade dos fatos importantes para os interessados, incluindo a campanha de adesão (I), tipo de inscrição (II), contribuições (III) e benefícios (IV).

1.050. Prestação de contas

Fornecimento permanente de elementos (I), dados (II), informações (III) e extratos (IV) relativos a cada participante.

1.051. Regime financeiro

Repartição simples para a previdência obrigatória e capitalização para a previdência facultativa.

1.052. Tipos de plano

Contribuição definida para as prestações programadas (I) e benefício definido para as de risco (II).

1.053. Aplicação da solidariedade

Solidariedade nascente de Edital de Privatização (I) ou Convênio de Adesão (II), e referida em Estatuto Social (III) ou Regulamento Básico (IV).

1.054. Solidariedade dos planos

Exigência legal de solidariedade quando de fundo multipatrocinado.

1.055. Necessidade de resseguro

Elaboração de resseguro preferencialmente contratado com entidade estatal ou paraestatal do governo federal.

1.056. Seguro coletivo

Celebração de seguro obrigatório coletivo contra a inadimplência das entidades.

1.057. Fiscalização estatal

Auditagem periódica a cargo do governo federal, por intermédio de agência reguladora.

1.058. Designação de dirigente

Indicação de gestor quando de dificuldades administrativas elencadas na lei.

1.059. Administrador especial

Designação de pessoa com poderes limitados para contornar desvios apurados pela fiscalização.

1.060. Intervenção provisória

Nomeação de interventor profissional reconhecidamente idôneo, com profundos conhecimentos de previdência complementar e poderes de gestão para administrar a entidade intervinda enquanto permanecerem as razões conducentes à atuação estatal.

1.061. Liquidação extrajudicial

Promoção da liquidação da entidade quando constatada a impossibilidade de sua recuperação.

1.062. Responsabilidade dos gestores

Definição de responsabilidade dos gestores constante da lei.

1.063. Agência reguladora

Agência reguladora para a previdência complementar fechada e aberta, assumidos os poderes normativos ministeriais e os atualmente atribuídos aos órgãos supervisores fiscalizadores e normativos ministeriais.

1.064. Controle administrativo

Fusão dos órgãos de controle administrativo e do contencioso administrativo da previdência básica com a complementar.

1.065. Responsabilidade do Estado

Definição legal das responsabilidades do governo federal desde a solidariedade até o papel de supervisor.

1.066. Terceirização da gestão

Possibilidade da administração de um ou mais planos de benefícios serem cometidos a terceiros.

1.067. Composição da administração

Direção da entidade gestora composta de Conselho Deliberativo (I), Diretoria Executiva (II) e Conselho Fiscal (III) e, quando se impuser, de Conselho de Orientação (IV).

1.068. Penalidades administrativas

Sanções fixadas em lei inibidora de ilicitudes e desestimuladora de atos contrários ao interesse do segmento sem prejuízo de despertar o interesse pela gestão.

1.069. Exercício de previdência

Proibição do exercício de Previdência Social fora do controle estatal com previsão de sanção penal.

1.070. Fundos trabalhistas

Possibilidade de fundos informais, patrocinados por empregadores, serem transformados em fundos de pensão em certo prazo sem as sanções legais.

1.071. Renda programada

Renda de duração predeterminada com possibilidade de revisão do período de duração.

1.072. Renda vitalícia

Mensalidade estimada pelo atuário para ser mantida até a extinção do benefício.

1.073. Saldamento de plano

Possibilidade de, em algum momento da história da entidade, o plano de benefícios ser saldado, com ampla divulgação dos motivos, informação do saldo de cada participante, e dados sobre o novo plano.

1.074. Benefício hipotético

Disciplina de toda a metodologia do cálculo do benefício básico, simulado para fins de definição da complementação.

1.075. Decadência do direito

Termo para a revisão da concessão ou da manutenção dos benefícios, fixado em dez anos para os dois pólos da relação, exceto no caso de fraude comprovada, dolo ou má-fé.

1.076. Atualização das complementações

Proteção dos benefícios básicos aplicados à previdência complementar obrigatória, admitidos contratos de direito privado dispondo diferentemente sobre a correção das importâncias convencionadas para as rendas, no caso da previdência complementar do terceiro patamar.

1.077. Portabilidade entre entidades

Transporte das reservas técnicas de uma entidade para outra sem acesso às importâncias, exceto quando da reunião dos pressupostos regulamentares que definam o direito ao benefício.

1.078. Vesting *diferido*

Direito ao benefício proporcional diferido nos dois patamares superiores.

1.079. Autopatrocínio

Contribuição pessoal no segundo patamar quando o participante se afasta do empregador ou do instituidor da entidade.

1.080. Inexistência de resgate

Exceto no terceiro patamar, impossibilidade de resgate das contribuições.

1.081. Administração gestora

Gestão especializada em previdência complementar.

1.082. Legislação básica

Aplicação subsidiária da legislação básica quando cabível.

1.083. Migração de participantes

Transferência de participantes de um plano para outro.

1.084. Retirada de patrocinadora

Possibilidade de retirada e responsabilidade de toda ordem da patrocinadora, com definição de data-base, valor da retirada, etc.

1.085. Afastamento de instituidora

Decantação das responsabilidades dos instituidores de entidade associativa.

1.086. Desistência de empregador

Afastamento do empregador que se predispusera a cooperar com os empregados filiados às entidades associativas.

1.087. Previdência do servidor

Instituição de dois patamares obrigatórios para o servidor: básico (I) e complementar (II).

1.088. Afastamento do Estado

Regulamentação legal da retirada de patrocinadora por parte do ente federativo instituidor de fundo público.

1.089. Direito Procedimental

Regras procedimentalistas ínsitas à composição dos dissídios havidos entre participantes e entidades (I), entidades e órgãos supervisores (II), diferentes gestores (III) e patrocinadoras e instituidoras (IV).

1.090. Justiça competente

Justiça estadual capaz de dirimir os dissídios entre participantes e entidades gestoras de planos de benefícios, e federal se envolverem o governo federal.

Capítulo XXXIX ASSISTÊNCIA SOCIAL

Técnica protetiva estatal concorrente com a participação da iniciativa privada, na solução governamental, com prestações condicionadas aos recursos disponíveis propiciados por contribuições sociais ou tributos arrecadados.

1.091. Organização particular

Gestores na iniciativa particular estruturados em associações (I), sociedades (II) ou fundações (III), entidades sem fins lucrativos.

1.092. Definição técnica

Conjunto de medidas estatais e particulares conjugadas, destinadas ao atendimento dos hipossuficientes ou portadores de deficiência, por meio de serviços (I), atendimentos de modo geral (II), incluindo tratamento de saúde (III), acompanhamento familiar (IV), fornecimento de alimentação (V) e outras pequenas ajudas (VI).

1.093. Função social

Papel acessório na seguridade social, faz jus à assistência aquela pessoa sem direito à previdência, mutuamente excludentes as técnicas e com prestações marcadamente alimentares, reduzidas à manutenção do mínimo necessário à sobrevivência.

1.094. Finalística da prestação

Benefícios e serviços postos à disposição dos interessados, assegurada a sobrevivência, das pessoas incapazes de obter os meios mínimos de subsistência, enquanto perdurem tais condições, salvo para os portadores de deficiência crônica ou congênita, incapazes definitivamente para o trabalho.

1.095. Limite do atendimento

Prestações insitamente essenciais concebidas para possibilitar a recuperação do indivíduo incapaz de conseguir os benefícios previdenciários, fixados com precisão os estados sociológicos, biológicos e psicológicos definidores do direito pela lei.

1.096. Natureza da relação

Relação jurídica estabelecida entre o assistido e o gestor como potencialidade, direitos outorgados de acordo com a capacidade do concessor e não segundo as necessidades do titular.

1.097. Beneficiários destinatários

Pessoas sem condições de usufruir os meios indispensáveis à sobrevivência e os portadores de deficiência.

1.098. Avaliações periódicas

Estado de indigência (I), hipossuficiência (II) ou miserabilidade (III), para os fins da assistência social e para a utilização gratuita dos serviços de saúde colocados à disposição, sujeitos às avaliações periódicas, mediante assistentes sociais.

1.099. Iniciativa privada

Estímulo fiscal, sem caráter previdenciário, à iniciativa privada propiciado pela lei delegada, incentivando-a a manter-se unida no afã de possibilitar o amparo aos necessitados.

1.100. Custeio fiscal

Prestações assistenciárias custeadas por tributos e ajuda facultativa do particular, sem incluir contribuições previdenciárias, visando a atender os necessitados, pessoas impossibilitadas de usufruir os benefícios previdenciários e circunscritas suas atenções sem induzir os assistidos à ociosidade.

1.101. Ausência de contribuição

Assistência social sem contribuição do ponto de vista do assistido, acessados os seus benefícios, pressuposta apenas a relação jurídica de inscrição, obrigado o assistido a demonstrar o estado de necessidade, perdida a condição jurídica de beneficiário logo após adquirir capacidade contributiva.

1.102. Subsídio estatal

Oferta legal de subsídios às entidades mantenedoras, particularmente propiciando recursos para as entidades beneficentes de assistência social, como tais reconhecidas sem a intervenção do gestor.

Subsídios para um MODELO DE PREVIDÊNCIA SOCIAL para o Brasil

1.103. Prestações disponíveis

Lei define os benefícios em dinheiro oferecidos aos assistidos, bem como os serviços.

Capítulo XL — AÇÕES DE SAÚDE

Saúde, direito do cidadão e, até certo ponto, obrigação do governo de ofertá-la, associado ao empenho da sociedade nesse afã, promoção partilhada entre o público e o privado, serviços postos à disposição dos interessados mediante contribuição individual compatível com a capacidade de cada um, sob técnica assistenciária numa primeira hipótese, então estatal, e exclusivamente por conta do titular, em casos especiais.

1.104. Natureza do direito

Relação jurídica entre o atendido e a gestora concebida pela lei delegada como potencialidade, transformada em direito subjetivo sob participação módica securitária ou total do custo.

1.105. Modalidades de atendimentos

Conjunto de medidas estatais e privadas com tipicidade conforme a natureza do serviço e os beneficiários alcançados, desenvolvida em várias modalidades.

1.106. Assistência mínima

Universal, de caráter assistenciário, não diretamente contributiva, gerida pelos entes políticos, posta à disposição de beneficiários de baixa renda definidos periodicamente pela lei, custeada por tributos e sob plano de atendimento limitado à capacidade do Estado.

1.107. Atendimento fechado

Saúde fechada, propiciada pela empresa aos seus empregados ativos e inativos, órgãos classistas aos seus associados, mediante auto-administração de recursos ou convênio com entidades particulares, lucrativas ou não, com participação solidária e distributiva do trabalhador e iniciativa privada.

1.108. Atendimento aberto

Oferecido pelo mercado em livre concorrência por meio de planos de saúde (I), seguro-saúde (II), medicina de grupo (III), cooperativas médicas (IV) e outras formas (V), sem a participação contributiva do Estado.

1.109. Fontes de custeio

Ações de saúde básicas custeadas com recursos da seguridade social previamente definidos na lei, arrecadados e repassados ao ministério próprio, nos casos das instituições de saúde, devendo automaticamente ser deduzidos na contribuição previdenciária, sem serem confundidos com subsídios previdenciários, responsabilizada a sociedade pelos aportes necessários à implementação do atendimento básico, sob a forma de contribuição direta da empresa e de subsídio estatal não-previdenciário.

1.110. Prestações disponíveis

Definidas conforme os diferentes níveis, a lei determina os serviços hospitalares (I), laboratoriais (II), ambulatoriais (III), reabilitacionais (IV) e farmacológicos (V) colocados à disposição dos assistidos ou pessoas com direito subjetivo, segundo a capacidade dos gestores, sob normas de direito coletivo que estabeleçam o conjunto de prestações oferecidas aos beneficiários, com espaço aberto à livre contratação na hipótese dos atendimentos da iniciativa privada.

1.111. Subsídios fiscais

Empresas ou órgãos classistas promotores de auto-administração ou mediante convênios, desfrutando de subsídios fiscais não previdenciários com vistas ao completo atendimento dos beneficiários.

1.112. Acidente do trabalho

Recursos necessários ao atendimento à integridade física das vítimas de infortúnios laborais, durante a vigência do benefício previdenciário e, após, no curso do processo de reabilitação profissional, provindo das contribuições previdenciárias administradas pelo gestor da previdência social.

1.113. Descentralização administrativa

Serviço descentralizado, preferivelmente entregue à administração municipal, mediante convênio com o governo federal.

1.114. Classificação didática

Ações divididas em saúde pública (I), compreendendo os serviços próprios ministeriais (II), preventivas (III), e integrantes da seguridade social (IV), com recursos necessários para as despesas primárias, oriundas da União.

1.115. Fiscalização federal

Órgãos ministeriais específicos fiscalizam as ações de saúde estatais e privadas nos seus três patamares.

Capítulo XLI — ESTATIZAÇÃO E PRIVATIZAÇÃO

Permanentemente sopesada a iniciativa da proteção social, determinado filosoficamente o empreendedor, o governo (I) ou o particular (II), ou esforço compartilhado entre a sociedade e o Estado (III), no ensejo, fixado o papel de cada um desses extraordinários empenhos sociais.

1.116. Comando constitucional

Proteção social estatal particular ou compartilhada como temas constitucionais.

1.117. Estatização total

Previdência estatal, mantida a péssima distribuição de rendas e riquezas e desigualdades sociais e regionais em que o poder contributivo se constitui, em privilégio da classe média, o governo envida forçadamente a solidariedade social e certa distribuição de conquistas entre a população.

1.118. Privatização plena

Rejeitada em virtude de o País não suportar uma Previdência Social inteiramente nas mãos da iniciativa privada por lhe faltar capacidade, população e poupança pessoais.

1.119. Divisão da gestão

Compartilhamento do encargo protetivo com previdência pública, estatal e básica, obrigatória até certo patamar (I), previdência complementar também estatal e privada obrigatória desse patamar (II) e complementaridade facultativa do segundo patamar inteiramente privada (III).

1.120. Adequação da divisão

Legislação dos três níveis de cobertura, objeto de norma de superdireito conjugando a capacitação da promoção da interação.

1.121. Normas de superdireito

Lei delegada federal regendo as relações entre os três níveis de proteção previdenciária.

1.122. Técnicas privatísticas

Adoção de instrumentos da iniciativa privada na previdência básica como produtividade, competitividade, transação, interveniência, negociação, etc.

1.123. Regras da sucessão

Lei delegada define os comandos da sucessão de gestor privado quando da estatização ou privatização.

Capítulo XLII   ESTATUTO DO IDOSO

Perfilhando as idéias do Estatuto do Idoso e sua regulamentação, ressaltado o esforço governamental de resgatar o respeito às pessoas de mais idade, acompanhado de ampla campanha educativa nacional, buscando o comportamento adequado do cidadão responsável, por intermédio de gestor que recepcione políticas nacionais criadoras de ambiente próprio para essas pessoas, mediante relações entre o idoso e a previdência social, assemelhadas às da reparação do dano moral, justificados empreendimentos sobre as persuasões necessárias ao exercício do direito que substancia sua proteção social, consolidada a legislação protetiva, especificando claramente os instrumentos mediante os quais os destinatários possam proceder para exercitar a cidadania ali contemplada, levando-se em conta que parte das ofensas que eles sofrem são de ordem pessoal e cuja prova só é possível com testemunhas, demonstração dificultada porque nem sempre se consegue quem pretende cooperar.

1.124. Direitos securitários

Legislação securitária prevê norma consolidada específica sobre o exercício do direito à previdência (I), assistência (II) e saúde (III), efetivamente praticada pelo gestor público e privado.

1.125. Conceito legal

Definido como quem tem mais de sessenta e cinco anos de idade.

1.126. Deferimento de benefício

Excepcionados o auxílio-doença, a aposentadoria por invalidez e a pensão por morte — que *per se* justificam concessão imediata —, aposentadoria por idade instruída e deferida antes dos demais benefícios.

1.127. Benefícios dos dependentes

Tratamento especial reservado à instrução, concessão da pensão por morte, auxílio-reclusão e, dada à natureza alimentar da prestação, redobrado o empenho no deferimento para os dependentes idosos.

1.128. Exames periciais

Seleção do idoso como o primeiro a ser atendido pela perícia médica.

1.129. Assistência social

Serviços pessoais prestados pela assistência social encaminhados preferencialmente segundo a idade do titular.

1.130. Benefício da LOAS

Benefício de pagamento continuado, pago imediatamente sob a presunção do preenchimento dos requisitos legais.

1.131. Direito à saúde

Atendimento imediato nos prontos-socorros (I), internação em estabelecimentos hospitalares (II), preferência na fila de espera em ambulatórios, laboratórios e consultórios médicos (III), como uma condição mínima de respeito ao idoso.

1.132. Prova da necessidade

Demonstrada a precisão de assistência à saúde com os atestados médicos normalmente emitidos pelo serviço público, expedidos depois de exame promovido pelas próprias autoridades.

1.133. Ausência de parentes

Faltantes parentes que o acudam ou sem querer ajudá-los nas emergências, provada a dificuldade com as condições materiais em que vive e com depoimentos testemunhais, principalmente de vizinhos.

1.134. Expediente administrativo

Andamento preferencial e célere dos procedimentos internos do gestor quando se tratar de idoso.

1.135. Ação judicial

Trâmite dos autos do processo judicial impulsionado em caráter de urgência, com preferência no andamento sobre os demais, desde que os benefícios sejam encaminhados com a prova da data de nascimento do peticionante.

1.136. Trabalho do idoso

Governo empenhado na profissionalização do trabalhador mais velho (I), na sua reabilitação (II) ou recuperação para o labor (III), criando-lhe condições de exercício compatíveis com sua idade.

1.137. Dúvida técnica

Presente incerteza na perícia médica da aptidão, nos casos de benefícios por incapacidade, resolvida a favor da impossibilidade de laborar.

1.138. Faixa etária

Acolhida a existência de doenças incapacitantes decorrentes da faixa etária (I), degenerativas (II), genéticas (III), epidêmicas (IV), com características próprias distintas das ocupacionais, sem provir necessariamente do ambiente laboral, quando da fixação do nexo epidemiológico.

Capítulo XLIII   SEGURO-DESEMPREGO

Implantado o tradicional benefício securitário, a ser mantido e aperfeiçoado, diante das dificuldades dos cinqüentenários de se empregarem e obterem mais adiante aposentadoria por tempo de contribuição ou idade, resulta justificada a criação de um seguro-desemprego compatível com esse cenário.

1.139. Prestação previdenciária

Prestação enquadrada como previdenciária, empreendida pelo gestor, integrada no rol das prestações imprevisíveis de curta duração.

1.140. Conceito institucional

Direito do trabalhador segurado obrigatório do regime geral e dos regimes próprios em seqüência à perda do vínculo laboral.

1.141. Conceito técnico

Benefício de quem detinha emprego ou cargo público, perdidos sem justa causa.

1.142. Natureza jurídica

Prestação previdenciária de pagamento continuado de duração limitada (I), caráter patrimonial (II) e *intuitu personae* (III).

1.143. Objetivo lógico

Oferece meios de subsistência temporária ao trabalhador desempregado.

1.144. Definição de desemprego

Quem teve emprego, sem detê-lo quando do pedido, que procure posto de trabalho e nesse interregno predisposto a prestar serviços voluntários para a sociedade.

1.145. Extensão do conceito

Exercente de atividade que perdeu o posto de trabalho sem ser considerado desempregado.

1.146. Fonte formal

Pretensão disciplinada em lei delegada com regulamentação por decreto presidencial.

1.147. Natureza jurídica

Direito subjetivo previdenciário do segurado que preenche os requisitos legais.

1.148. Clientela protegida

Benefício devido ao empregado (I), temporário (II), servidor sem regime próprio (III), avulso (IV), doméstico (V), trabalhador rural (VI), segurado especial (VII) e outros obreiros subordinados (VIII).

1.149. Excluídos do direito

Empresário (I), autônomo (II), estudante (III), eclesiástico (IV) e facultativo (V).

1.150. Servidor público

Norma jurídica disciplina a situação particular do servidor público cujo vínculo foi desfeito sem justa causa.

1.151. Fontes de custeio

Fundo mantido com aportes exclusivamente empresariais.

1.152. Requisitos legais

Definição legal dos pressupostos necessários: temporais — cumprimento do período de carência (I); subjetivos — destinatário sem estar recebendo benefício previdenciário (II) ou assistenciário ou possuir renda própria (III); e empresariais — demissão econômica (IV).

1.153. Período de carência

Benefício dependente do trabalho do beneficiário por certo tempo, historicamente modificado pela lei.

1.154. Percepção de remuneração

Ausência da remuneração como condição *sine qua non*.

1.155. Recebimento de benefícios

Direito incompatível com qualquer prestação previdenciária ou assistenciária de pagamento continuado, exceto o auxílio-acidente e o abono de permanência em serviço do regime geral.

1.156. Dispensa do emprego

Dispensado sem ser demitido direta ou indiretamente.

1.157. Justa causa

Demitido com justa causa sem fazer jus à prestação.

1.158. Renda própria

Beneficiário sem auferir qualquer rendimento.

1.159. Quinze dias

Período de espera igual aos primeiros quinze dias do auxílio-doença, fixado entre o último dia de trabalho e a data do início do benefício.

1.160. Data do início

Mensalidades pagas a partir do primeiro dia após o período de espera.

1.161. Automaticidade da concessão

Inexistente concessão automática, o benefício exige requerimento pelo titular do direito.

1.162. Documentos necessários

Carteira de trabalho (I), documentos emitidos pelo empregador relativos à demissão (II) e provas dos requisitos legais (III).

1.163. Valor mensal

Renda mensal variável conforme a remuneração média do trabalhador compatível com os recursos apreendidos.

1.164. Regras de manutenção

Mensalidades mantidas limitadas pela lei.

1.165. Pagamento atrasado

Requerido dentro do prazo legal, deferido adiante por qualquer motivo ou por sentença judicial, pagas as mensalidades atualizadas monetariamente.

1.166. Anotação na carteira

Registros sem constituir constrangimento à privacidade.

1.167. Volta ao trabalho

Cancelado o benefício com a volta ao trabalho ou concessão de benefício securitário.

1.168. Sanções penais

Aplicadas no caso de cumprimento das regras legais.

1.169. Recusa de colocação

Cancelado o benefício diante de recusa do emprego razoável oferecido.

1.170. Regras de acumulação

Benefício inacumulável com qualquer prestação social de natureza substitutiva.

1.171. Reedição do pedido

Deferido, mantido e encerrado, novo somente permissível a partir de certo tempo fixado em lei.

1.172. Decadência do direito

Prazo legal extingue o direito ao benefício.

1.173. Natureza alimentar

Mensalidades com caráter alimentar para todos os fins de direito.

1.174. Busca de trabalho

Percipiente do benefício comprometido a buscar posto de trabalho (I), integrar-se em programas governamentais de reemprego (II), promover o aperfeiçoamento pessoal (III) e reabilitar-se profissionalmente (IV).

1.175. Amparo à mão-de-obra

Benefício sem inibir os programas de amparo à mão-de-obra do governo federal.

1.176. Serviços voluntários

Governo obrigado a organizar programa de aproveitamento voluntário da mão-de-obra ociosa para o percipiente do seguro-desemprego.

1.177. Antes da aposentadoria

Mantida a aposentadoria por tempo de contribuição, cinqüentenários e maiores dessa idade desempregados — faixa etária modificada historicamente — que atenderem a requisitos legais específicos, fazem jus a seguro-desemprego diferenciado, perdurando por nove anos, alternados a cada triênio com um ano sem percepção, calculado nos moldes do auxílio-doença.

Capítulo XLIV   FUNDO DE GARANTIA

Transformação da natureza protetiva dos depósitos do fundo de garantia; eles deixam de ser salários diferidos e se tornam capitais financiadores de um seguro-desemprego individualizado, garantidor dos meios de subsistência, no caso de perda do posto de trabalho sem justa causa.

1.178. Concepção técnica

Economia pessoal acumulada do trabalhador, provida por terceiros, contabilizada em conta individualizada, originariamente concebida como substituidora da estabilidade trabalhista, direito patrimonial constituído de depósitos mensais efetuados pelo empregador e calculados com base no salário-de-contribuição.

1.179. Natureza jurídica

Direito previdenciário do trabalhador, fomentador da subsistência no caso de desemprego.

1.180. Clientela abrangida

Benefício devido ao empregado (I), temporário (II), avulso (III), doméstico (IV) e servidor celetista (V) ou estatutário (VI).

1.181. Excluídos da proteção

Trabalhadores independentes: segurado especial (I), facultativo (II) e contribuinte individual (III).

1.182. Fonte de custeio

Exclusivamente de empresa (I), empregador doméstico (II), fornecedor de temporário (III), gestor da mão-de-obra (IV) e órgão público (V).

1.183. Gestor do fundo

Administração atribuída à Previdência Social, com montantes contabilmente escriturados em separado e inconfundíveis com os valores do regime geral.

1.184. Determinação do valor

Alíquota e base de cálculo estabelecidas por lei delegada.

1.185. Correção monetária

Atualização mensal do valor acumulado em face de inflação, conforme indexador único da previdência social mais juros previamente definidos.

1.186. Multa rescisória

Extinção da multa constitucional rescisória, desestimuladas as demissões desmotivadas por outros mecanismos laborais.

1.187. Exigência da exação

Decadência e prescrição idênticas às da exação securitária (doze e cinco anos respectivamente).

1.188. Evento determinante

Desemprego definido em lei delegada e concessão de aposentadoria programada.

1.189. Oportunidade do saque

Limitação das hipóteses de levantamento do saldo da conta individual apenas às circunstâncias socialmente justificadas.

1.190. Fiscalização do depósito

Auditoria-Fiscal atribuída ao governo federal nos moldes da exação securitária.

1.191. Benefícios por incapacidade

Depósitos exigíveis durante a manutenção do benefício por incapacidade, comum ou acidentário.

1.192. Extrato mensal

Fornecimento elucidativo da conta mensal do segurado contendo o saldo atualizado.

1.193. Justiça competente

Justiça federal, em face da presença do governo federal como pólo da relação jurídica.

Capítulo XLV — DANO MORAL

Causados danos materiais ou morais aos idosos o dever de reparação recai sobre os responsáveis.

Instituto técnico em substanciação, preocupando quem detém o poder de decidir sem ser desvirtuado do seu papel de instrumento de reposição da ofensa causada, não se prestando para outros fins.

1.194. Visão técnica

Prejuízo jurídico ilicitamente provocado nos atributos da personalidade humana por pessoa jurídica gestora da seguridade social, descreve adequadamente o dano moral.

1.195. Sujeito passivo

Pessoas jurídicas de direito público envolvidas na proteção social, incluída a União e as entidades privadas, todas responsabilizadas por prejuízos produzidos nos protegidos.

1.196. Conceito de dano

Dano tido como conseqüência de agressão humana ou não (I), resultando em diminuição do patrimônio de alguém — que não ganha ou perde (II) — e, por último, a afetação moral individual da vítima (III).

1.197. Falso dano

Aplicação, integração e interpretação da legislação descaracterizadora do falso dano moral: aventura jurídica (I), meio de vida (II), *jus vindicatae* (III), motivação invejosa (IV), ânsia de publicidade (V) ou tentativa de reparação do irreparável (VI).

1.198. Indenização material

Indenização desembolsada em favor do beneficiário, restrita ao nível do patrimônio ofendido em função do patamar da lesão ocorrida.

1.199. Reparação moral

Presente a impossibilidade de recomposição do *status quo ante*, reparação ultrapassando o espectro do dano material, deve ser apreciada em cada caso.

1.200. Ação regressiva

Instituto técnico conjugado com a ação regressiva, quando o gestor atribuir responsabilidade ao seu agente causador da ofensa.

1.201. Provas do alegado

Sustentada uma lesão ao patrimônio pessoal, físico ou moral, obrigado o beneficiário a demonstrar o alegado.

1.202. Pressupostos lógicos

Nexo causal entre a ocorrência consumada (I) e o prejuízo jacente (II), inocorrência de licitude (III) ou causa excludente (IV), prova do fato infracional (V), inexistência de remissão da culpa (VI), oportunidade da ação reparadora (VII), eleitos os pressupostos lógicos do instituto técnico.

1.203. Quantificação do valor

Mensuração do montante pecuniário quando cabível, sopesada a propriedade de sua grandeza, o objetivo do instituto, certo filtro de intenções subjetivas inadequadas, com proporcionalidade do *quantum* em relação aos danos causados.

1.204. Penas alternativas

Sanções alternativas como trabalho social (I), cestas básicas destinadas aos necessitados (II), detendo papel inibidor e educativo, expressando-se como mais úteis do que a reparação financeira.

1.205. Justiça competente

Presente a União, mantida a Justiça Federal competente e, em se tratando de entidade de previdência complementar, a Justiça Estadual.

Capítulo XLVI — TRANSPARÊNCIA DA GESTÃO

Princípio da transparência constitucional praticado na seguridade social em todos os regimes de proteção social, públicos ou privados, com o gestor obrigado a tornar públicos os dados compatíveis disponíveis e oferecer elementos imprescindíveis ao exercício dos direitos.

1.206. Orçamento securitário

Governo federal publica o orçamento da seguridade social com especificação da previdência, assistência e saúde.

1.207. Balanço mensal

Obrigação ministerial de divulgar mensalmente o total da receita realizada e das despesas havidas.

1.208. Cadastro de informações

Informações relativas aos segurados e seus dependentes, prestadas aos interessados, facultado o acesso ao banco de dados do gestor.

1.209. Informações aos beneficiários

Gestor disponibiliza informações aos segurados e dependentes, relativamente relacionados com a contribuição e o benefício.

1.210. Memória de cálculo

Benefício deferido com comunicação acompanhada de todas as explicações necessárias, incluindo os cálculos operados, vazada em linguagem acessível ao comum dos mortais.

1.211. Negativa de benefício

Motivos do indeferimento da pretensão explicitados de modo a permitir o direito à ampla defesa e ao contraditório.

1.212. Montante do pecúlio

Cálculo do benefício esclarecido ao titular do direito, com especificação das mensalidades aportadas, taxa de juros e correção monetária.

1.213. Fator previdenciário

Carta de concessão fornecendo indicações relativas às três variáveis e às três constantes do fator previdenciário.

1.214. Cópia de processo

Reprodução integral dos autos dos processos entregue aos interessados.

1.215. Sigilo médico

Resultado de exame médico somente entregue ao dependente ou ao segurado.

1.216. Resultado das aplicações

Divulgação periódica dos investimentos operados pela entidade de previdência privada, com extrato mensal das contribuições vertidas pelo participante com os frutos das aplicações financeiras.

CONCLUSÕES FINAIS

Modelo previdenciário oferecido à reflexão dos estudiosos, distinto de outros moldes de proteção, que espelhe a realidade econômico-social do País e a volição dos participantes, sem pretender modificar o estrato social nem ser instrumento de outra política governamental ou privada, tão-somente objetivando a manutenção da pessoa por ocasião da perda das condições de subsistência oferecidas pelo trabalho ou outro meio socialmente justo, sem pretender corrigir as distorções da coletividade ou das relações de trabalho, mas reconhecendo sua existência e influência.

Previdência social descrita em linhas gerais, como instituição estatal florescente a par da participação supletiva da iniciativa privada, com os destinatários obrigatoriamente admitidos, financiada por contribuições compulsórias individuais e da comunidade, técnica protetiva realizada mediante prestações substituidoras dos salários e, até mesmo, se for o caso, dos rendimentos de quem nela desejar integrar-se, independentemente da atividade profissional.

Providência de grande alcance e interesse permanente do Estado, situada no contexto das interações sociais, relacionando-se sem se confundir com eles, com outros programas protetivos, sobretudo um empreendimento do contribuinte, histórica e circunstancialmente empreendida pelo governo, enquanto aqueles não possam fazê-lo diretamente, limitado o administrador público às determinações da lei e impedido de desvirtuar as suas funções ou desviar os seus recursos.

Rígida em seus princípios, sem estimular a ociosidade, ao contrário, constitui-se em direito novo, o do lazer no ocaso da vida, capaz de oferecer à pessoa humana os meios indispensáveis à sobrevida condigna.

Normatizada por excelência, indica a postura do cidadão diante dos infortúnios da vida e dos esforços pela sobrevivência, carecendo de permanente estudo, pesquisas de campo, avaliações e adaptações à realidade supervenientes, uma ciência protetiva dinâmica, gerando os dispositivos regentes perfilhados pelos interessados e aplicadores e, de certa forma, mudando-lhes os hábitos e a condição da existência, sob técnica atuarial que reconhece as conclusões da sociologia e da demografia e os avanços da medicina, não se reduzindo à simples poupança de gerações, mas uma eficaz distribuição solidária de rendas e seguro contra os imprevistos.

Novidade do século passado, concentração de recursos subtraídos dos investimentos econômicos, promove a justiça social desejada por idealistas e utópicos ao longo dos séculos, como a subsistência de vida presente quando das necessidades individuais.

Modelo proposto trazido aos especialistas, particulariza por sistematizar amplamente a matéria, abarcando os preceitos configuradores do sistema, em face dos quais esses especialistas têm criticamente de se manifestar.

Basicamente, um conjunto de medidas encampadoras de práticas consagradas e ordenação de idéias sobre as fontes de custeio e o plano de benefícios, modalidade pública até certo patamar, mista no segundo nível de atendimento e inteiramente privada no grau superior, com definição de prestações segundo sua natureza insitamente substitutiva e consoante a capacidade e o momento histórico do País.

Acolhe a imprescindibilidade de um recenseamento nacional dos segurados, apurando-se os dados biométricos, entre os quais idade, sexo, tempo de contribuição, salário médio, profissão, número de dependentes definidores das suas futuras necessidades e, assim, poder-se erigir a Previdência Social capaz de atendê-los quando eles tiverem de enfrentar uma contingência realizada.

Propõe-se à meditação dos interessados, exigindo o posicionamento diante da afirmação do ponto de vista, mas sistema organicamente concebido como planta baixa da organização de uma técnica de proteção social a ser definida pela sociedade como uma volição nacional, o desejo possível de todos e, finalmente, transformada numa lei.

OBRAS DO AUTOR

O empresário e a Previdência Social. São Paulo: LTr, 1978.

Rubricas integrantes e não integrantes do salário-de-contribuição. São Paulo: LTr, 1978.

Benefícios previdenciários do trabalhador rural. São Paulo: LTr, 1984.

O contribuinte em dobro e a Previdência Social. São Paulo: LTr, 1984.

O trabalhador rural e a Previdência Social. 2. ed. São Paulo: LTr, 1985.

Legislação da Previdência Social Rural. 2. ed. São Paulo: LTr, 1986.

O salário-base na Previdência Social. São Paulo: LTr, 1986.

Legislação da Previdência Social. 5. ed. São Paulo: LTr, 1988.

A seguridade social na Constituição Federal. 2. ed. São Paulo: LTr, 1992.

Subsídio para um modelo de Previdência Social. São Paulo: LTr, 1992.

O salário-de-contribuição na Lei Básica da Previdência Social. São Paulo: LTr, 1993.

Propostas de mudanças na Seguridade Social. São Paulo: LTr, 1996.

Primeiras lições de Previdência Complementar. São Paulo: LTr, 1996.

Legislação da Seguridade Social. 7. ed. São Paulo: LTr, 1996.

Obrigações previdenciárias na construção civil. São Paulo: LTr, 1996.

Direito dos idosos. São Paulo: LTr, 1997.

Novas Contribuições na Seguridade Social. São Paulo: LTr, 1997.

Curso de Direito Previdenciário. Tomo III, São Paulo: LTr, 1998.

O salário-base dos contribuintes individuais. São Paulo: LTr, 1999.

Reforma da Previdência Social. São Paulo: LTr, 1999.

Estatuto dos Servidores Públicos Civis da União. 2. ed. São Paulo: LTr, 2000.

Obrigações previdenciárias do contribuinte individual. São Paulo: LTr, 2000.

Aposentadoria especial. 3. ed. São Paulo: LTr, 2000.

Os crimes previdenciários no Código Penal. São Paulo: LTr, 2001.

Fator previdenciário em 420 perguntas e respostas. 2. ed. São Paulo: LTr, 2001.

Pareceres selecionados de Previdência Complementar. São Paulo: LTr, 2001.

Princípios de Direito Previdenciário. 4. ed. São Paulo: LTr, 2001.

Curso de Direito Previdenciário. Tomo IV, 2. ed. São Paulo: LTr, 2002.

Prova de tempo de serviço. 3. ed. São Paulo: LTr, 2002.

Seguro-desemprego em 620 perguntas e respostas. 3. ed. São Paulo: LTr, 2002.

Comentários à Lei Básica da Previdência Social. Tomo I, 4. ed. São Paulo: LTr, 2003.

Comentários à Lei Básica da Previdência Social. Tomo II, 6. ed. São Paulo: LTr, 2003.

Curso de Direito Previdenciário. Tomo II, 2. ed. São Paulo: LTr, 2003.

Direito adquirido na Previdência Social. 2. ed. São Paulo: LTr, 2003.

PPP na aposentadoria especial. 2. ed. São Paulo: LTr, 2003.

Retenção previdenciária do contribuinte individual. São Paulo: LTr, 2003.

Comentários à Lei Básica da Previdência Complementar. São Paulo: LTr, 2003.

Parecer jurídico como solicitá-lo e elaborá-lo. São Paulo: LTr, 2003.

Reforma da previdência dos servidores. São Paulo: LTr, 2004.

Aposentadoria especial em 720 perguntas e respostas. 4. ed. São Paulo: LTr, 2004.

Curso de Direito Previdenciário. Tomo I, 3. ed. São Paulo: LTr, 2005.

Lei Básica da Previdência Social. 7. ed. São Paulo: LTr, 2005.

Comentários ao estatuto do idoso. 2. ed. São Paulo: LTr, 2005.

Portabilidade na previdência complementar. 2. ed. São Paulo: LTr, 2005.

Previdência social para principiantes — Cartilha. São Paulo: LTr, 2005.

Dano moral no Direito Previdenciário. São Paulo: LTr, 2005.

Comentários à Lei Básica da Previdência Social. Tomo I, 5. ed. São Paulo: LTr, 2006.

Comentários à Lei Básica da Previdência Social. Tomo II, 7. ed. São Paulo: LTr, 2006.

Auxílio-acidente. São Paulo: LTr, 2006.

Manual prático do segurado facultativo. São Paulo: LTr, 2006.

Legislação previdenciária procedimental. São Paulo: LTr, 2006.

Cartilha — Previdência Social para principiante. 2. ed. São Paulo: LTr, 2007.

Direito Previdenciário complementar procedimental. São Paulo: LTr, 2007.

Curso de Direito Previdenciário. Tomo III, 2. ed. São Paulo: LTr, 2007.

Retirada de patrocinadora. São Paulo: LTr, 2007.

A prova no Direito Previdenciário. São Paulo: LTr, 2007.

Aposentadoria especial em 920 perguntas e respostas. 5. ed. São Paulo: LTr, 2007.

Os crimes previdenciários no Código Penal. 2. ed. São Paulo: LTr, 2007.

Desaposentação. São Paulo: LTr, 2008.

Prova e contraprova do nexo epidemiológico. São Paulo: LTr, 2008

Em co-autoria:

Contribuições sociais — Questões polêmicas. Dialética, 1995.

Noções atuais de Direito do Trabalho. São Paulo: LTr, 1995.

Contribuições sociais — Questões atuais. Dialética, 1996.

Manual dos direitos do trabalhador. 3. ed. Editora do Autor, 1996.

Legislação da Previdência Social. Rede Brasil, 1997.

Processo administrativo fiscal. v. 2, Dialética, 1997.

Introdução ao direito previdenciário. São Paulo: LTr-ANPREV, 1998.

Estudos ao direito. Homenagem a Washington Luiz da Trindade. São Paulo: LTr, 1998.

Temas atuais de Previdência Social — Homenagem a Celso Barroso Leite. São Paulo: LTr, 1998.

Dez anos de contribuição. Editora Celso Bastos, 1998.

Perspectivas atuais do direito. 1998.

Processo administrativo fiscal. v. 3, 1998.

Temas administrativo social. 1988.

A Previdência Social hoje. São Paulo: LTr, 2005.

Temas atuais de Direito do Trabalho e Direito Previdenciário Rural — Homenagem a Antenor Pelegrino. São Paulo: LTr, 2006.

Não-jurídicos:

O tesouro da ilha Jacaré. São Paulo: Editora CEJA, 2001.

Manual do pseudo intelectual. Editora Apanova, 2002.

Contando com o vento. Editora Apanova, 2003.

Estórias do Zenoyzes, Editor do autor, 2007

Editoração Eletrônica: **ALINE M. CIRÍACO**
Capa: **ELIANA C. COSTA**
Impressão: **ASSAHI GRÁFICA E EDITORA**